LA VILLE

DE

Saint=Rambert

aux XVIIe et XVIIIe Siècles

ESQUISSE HISTORIQUE

PAR

J. TOURNIER

Ancien Curé de Saint-Rambert

IMPRIMERIE LOUIS CHADUC ET FILS

BELLEY

1923

Esquisse Historique

DE

Saint-Rambert-en-Bugey

LA VILLE

DE

Saint=Rambert

aux XVIIe et XVIIIe Siècles

ESQUISSE HISTORIQUE

PAR

J. TOURNIER

Ancien Curé de Saint-Rambert

IMPRIMERIE LOUIS CHADUC

BELLEY

—

1914

MONOGRAPHIE

DE

St-Rambert-en-Bugey

St-Rambert occupe une place importante dans l'histoire du Bugey. L'ancien *vicus* romain, du nom de *Bebronna,* bâti sur l'une des voies primitivement tracées par Agrippa, général d'Auguste, pour relier Lyon à Genève, fut civilisé chrétiennement dès le 5ᵉ siècle par Saint Domitien et ses successeurs· Dévastée à plusieurs reprises par les Barbares germains venus du Nord et plus tard par les envahisseurs sarrazins venus du Midi, la petite ville connut des époques de prospérité sous la domination de Charlemagne et plus tard sous celle des Comtes de Savoie. Après l'annexion du Bugey à la France elle perdit une grande partie de son importance au point de vue politique et administratif, mais, à l'abri des franchises et des libertés qu'elle avait obtenues avec beaucoup de persévérance et d'adresse de ses différents maîtres, les seigneurs du château et les abbés du monastère, la vieille cité bugiste développa ses institutions d'instruction et de bienfaisance en même temps que son commerce et son industrie ; elle possédait un collège florissant, des corporations prospères ; la vie municipale et sociale y furent variées et intenses, toujours empreintes du patriotisme le plus pur et de la cordialité la plus parfaite.

Aussi il nous a semblé que ce serait faire œuvre utile que de donner la physionomie de la ville de St-Rambert avant la Révolution, après une Notice historique assez brève sur les périodes antérieures au 17ᵉ siècle.

Les documents que nous avons utilisés sont : 1° *Histoire de Savoie par Guichenon ;*

2° *La Notice historique et descriptive de la ville et de l'abbaye de St-Rambert de Joux, par H. Leymarie,* Lyon 1854 ;

3° *La Monographie historique de l'ancienne province du Bugey, par P. Guillemot,* 1852.

4° *Les Archives de la mairie de Saint-Rambert,* collationnées par Charles Petit, clerc de notaire à Saint-Rambert, né à St-Bénin d'Azy (Nièvre) en 1860, mort en 1894 ;

5° *Le Registre des Pénitents aux Archives de la cure ;*

6° *Le manuscrit de Dubois,* écrit au commencement du 19ᵉ siècle, d'après les souvenirs des vieillards qui avaient connu St-Rambert sous l'ancien régime.

I. — Notice historique

Dans ce Chapitre, nous donnerons quelques aperçus très succincts sur l'histoire de St-Rambert aux différentes époques.

Epoque préhistorique

Il est à croire que la vallée de Saint-Rambert fut déjà fréquentée, au moins comme lieu de passage, à une époque antérieure à l'histoire écrite, c'est-à-dire à l'époque préhistorique.

En effet, à l'extrémité orientale de la Cluse de Rossillon à Ambérieu se trouve, près d'une source abondante, sur le territoire de Rossillon, en avant de la grotte des Hoteaux, une large terrasse abritée qui, pendant longtemps, servit de refuge à des tribus nomades, qui venaient chasser le renne, le bouquetin et le cerf abondants dans les montagnes du Bugey. On peut donc présumer avec raison que les bords de l'Albarine, à cette époque lointaine, furent témoins des migrations des chasseurs de rennes remontant vers le Nord à la poursuite de leur gibier favori. Un silex taillé, trouvé à la grotte de Montferrand, avec des dents de l'ours des cavernes et des bois de cervidés sont les seuls vestiges pouvant se rapporter à l'âge de la pierre.

Plus tard, notre pays sert encore de passage aux marchands et aux émigrants, qui, dans la période qu'on appelle l'âge du bronze, parce que ce métal était le seul en usage dans l'Europe occidentale, mettaient en communication les cités lacustres de la Suisse et de la Savoie avec les populations riveraines de la Saône. Ce passage est marqué dans la grotte de Montferrand par des cendres de foyer au milieu desquelles on a trouvé une pendeloque en schiste noir munie d'un trou de suspension et des poteries grossières, et, à Saint-Rambert, par une hache en bronze trouvée au-dessous du canal qui traverse la ville.

Epoque gauloise

L'histoire et l'archéologie ne nous disent rien de notre province pendant cette longue période qui vit les Gaulois s'emparer de Rome, sous la conduite de Brennus, et le général africain Annibal remonter le Rhône et traverser les Alpes.

Soixante ans avant J.-C., notre pays confine à plusieurs tribus gauloises : les Séquanes (Nantua), les Allobroges (Belley), les Ambarres (Ambérieu). A ce moment, 360.000 Helvètes font irruption dans la Gaule. Les Séquanes leur livrent passage à travers les défilés du Bugey. C'est alors que les Allobroges, les Ambarres et les Eduens, leurs alliés, implorent le secours de Jules César qui se met à la poursuite des Helvètes et les défait complètement dans la vallée de la Saône.

Après l'irruption et la défaite des Helvètes, les Romains s'établirent définitivement dans le Bugey.

Epoque romaine

Les Romains dominèrent dans nos pays pendant environ quatre siècles. Ils s'y établirent d'autant plus facilement qu'ils étaient regardés comme des protecteurs; ils étaient d'ailleurs attirés par le charme et la beauté des paysages.

Au point de vue militaire, les défilés du Bugey et la cluse de Saint-Rambert, placés sur la route d'Italie, à peu de distance de Lyon, la capitale des Gaules, offraient des positions importantes à garder. On voit encore, à trois kilomètres de Saint-Rambert, près d'Argis, en Rochetaillée, un rocher que les Romains coupèrent à pic pour élargir la route, par où passaient leurs légions pour pénétrer dans les Gaules.

Colonies militaires, villas de rapport et d'agrément s'établirent le long de cette route.

Les Romains ont laissé dans notre pays des marques multipliées de leur séjour et de leur civilisation.

Citons d'après Leymarie :
— Un autel votif dédié aux dieux-gardiens par Camulia Attica ;
— une belle figurine en bronze dans le bois de Nerva ;
— un vase en bronze dans le verger de Ringe ;
— des tuiles et des poteries à Serrières et à Blanaz ;
— un moulin à bras en basalte poreuse, poteries, tuiles et médailles dont un beau et rare grand bronze de Maxime, à Pérines ;
— des briques et des amphores à la Gadinière, à Grattoux, à Lupieu, à la Roche ;
— des monnaies à la cote Répy ;
— des fragments de marbre dans la vigne Bourdin ;
— une mosaïque grossière, des fines poteries vers la maison Fallavier, etc...

Nous avons trouvé nous-mêmes un fragment de moulin à bras dans le chemin de Buges à Lupieu.

Si l'on en juge par l'abondance des vestiges gallo-romains, la colonie de Saint-Rambert devait être assez prospère.

En l'an 357, notre pays fut entièrement ravagé par les Barbares germains. Ayant échappé à la surveillance du général romain qui s'était posté près de Bâle, suivant Ammien Marcellin, ils passèrent pour se porter sur Lyon par des gorges étroites qu'on suppose avec raison être les défilés de Nantua et de Saint-Rambert. Au commencement du Ve siècle, les Barbares : Alains, Suèves, Vandales et Bourguignons firent encore irruption dans la Gaule. Les Burgondes ou Bourguignons s'arrêtèrent à l'est et prirent possession de nos pays.

Ces invasions répétées avaient détruit les villas et les métairies et saint Domitien, arrivant dans nos pays, trouva la vallée déserte et inhabitée. Cet endroit est appelé *Bébron* dans la légende du saint ; c'est sans doute le premier nom que notre pays a porté dans l'histoire ; ce n'est que plus tard qu'il prendra le nom de Saint-Rambert-de-Joux et Saint-Rambert-en-Bugey.

Introduction du Christianisme. St Domitien

Quelle fut la religion des premiers habitants de notre sol ? Barbare et cruelle, si l'on en croit les écrivains de Rome ; quelques débris humains, plus ou moins calcinés, trouvés dans les cendres de plusieurs stations préhistoriques semblent autoriser ce jugement.

Les Romains, en prenant possession du Bugey, imposèrent leur langue et leur religion. On vit les faux-dieux prendre possession de nos montagnes et de nos vallées. Le mont Jovet, entre Grattoux et Buges, semble rappeler le culte rendu à Jupiter et, sur les bords de l'Albarine, Camulia Attica faisait élever aux dieux Cabires un autel, sans doute à l'entrée de sa villa, pour y faire des libations et des offrandes.

Le christianisme allait bientôt pénétrer dans nos pays et y apporter les bienfaits de la civilisation chrétienne. Dès le second siècle, l'Eglise de Lyon était florissante et, malgré les persécutions des empereurs, la foi et la vaillance de ses martyrs faisaient rayonner les lumières de l'Evangile dans les contrées voisines.

Ce fut un noble Romain, du nom de Domitien, qui fut chargé par la Providence d'apporter dans notre pays la connaissance du vrai Dieu, d'élever le premier autel chrétien sur les bords de l'Albarine, et de fonder la paroisse de Bebronne qui, plus tard, devait être illustrée par le martyre de saint Rambert et prendre son nom.

Fuyant la persécution de Julien l'Apostat et attiré par la renommée des martyrs de Lyon, Domitien vint dans les premières années du Ve siècle demander à saint Eucher, évêque de la Capitale des Gaules, un lieu retiré où il pourrait se consacrer à la pénitence et à la prière. Sur les conseils du saint prélat, il se dirigea vers les forêts du Jura, et parvint, après avoir passé la rivière d'Ain, dans une vallée du Bugey, en un désert où se cachaient précédemment des faux-monnayeurs. Il s'arrêta sur les bords d'un torrent auquel il donna le nom de Bebronne (aujourd'hui Brévon) et là, sur un petit plateau, à moins de 500 mètres de la ville actuelle de Saint-Rambert, il fit édifier des constructions et deux oratoires, dont l'un fut dédié à la sainte Vierge et l'autre à saint Christophe. Après avoir défriché ce désert, pour en distribuer les récoltes aux pauvres, il put bientôt, grâce aux donations considérables d'une famille riche des environs, de Latinus et de son épouse Syagria, achever les constructions du monastère et pourvoir aux œuvres de charité envers les pauvres et les voyageurs. Saint Domitien mourut le 1ᵉʳ juillet 440 à l'âge de 93 ans.

Que la protection de saint Domitien continue à s'étendre sur la paroisse qu'il a fondée !

Epoque burgonde

A la fin de l'époque gallo-romaine, peu de temps avant la grande invasion des Barbares, Saint Rambert faisait partie de la Première Lyonnaise avec Lyon pour capitale. Genève et Lyon avaient vu s'augmenter considérablement leur territoire, par suite de l'annexion successive des pays voisins, rattachés à ces grands centres par la centralisation romaine. Ces deux villes, par suite de leur importance, étaient un objectif tout indiqué pour les Barbares Germains en marche vers le Sud ; c'est ce qui explique pourquoi Saint Rambert, placé sur la route de Genève à Lyon eut tant à souffrir des invasions et fut transformé en un véritable désert quand arriva Saint Domitien.

Lyon et Genève étaient reliées par deux voies construites par Agrippa général d'Auguste (64-12 avant J.-C.) : la première avait la direction Lyon, Montluel, Chazey, Lagnieu, Briord, Groslée, Belley, Seyssel; la seconde Lyon, Miribel, Ambérieu, *St-Rambert,* Seyssel, Frangy, St-Julien, Genève.

Vers le milieu du Vᵉ siècle, à la suite de l'anarchie qui avait suivi la grande invasion de 407, St-Rambert passa de la domination des Romains sous celle des Burgondes.

Les Burgondes étaient originaires des bords de la Baltique. Ce peuple avait déjà envahi la Gaule en 280 avec les Vandales et les Alamans; ils avaient été repoussés par Probus et s'étaient établis sur les bords du Mein. En 363, Jovien les laissa s'établir sur la riye gauche du Rhin, sur les confins de la Séquanaise. Sous Théodose (378-395), les Burgondes se convertirent au Christianisme, mais ils embrassèrent l'hérésie d'Arius.

Poussés en avant par la grande invasion de 407, ils obtinrent d'Honorius vers 414 l'autorisation de s'établir entre le Rhin et les Vosges; sous Valentinien III (424) ils occupèrent, par concession impériale, la Savoie, le canton de Vaud avec Genève comme centre, d'où ils rayonnèrent peu à peu au Sud et au Nord.

L'invasion burgonde se faisait sans lutte, par infiltration; ils se donnaient comme les auxiliaires des Romains et les protecteurs des provinces; ils se contentaient de partager avec les anciens possesseurs du sol les terres et les esclaves. En 456, ils se répandirent dans la Première Lyonnaise; à partir de ce moment St-Rambert appartint au royaume de Burgondie.

Quoique les Burgondes fussent les plus doux et les plus civilisés des peuples barbares, leur civilisation était encore trop primitive pour ne pas choquer les Gallo-romains. Ils parlaient la langue germanique avec un accent guttural qui contrastait avec l'élégance latine. Ils étaient d'ailleurs bruyants. Les chroniques du temps nous les représentent comme des buveurs insatiables, amateurs de gros rire et de chansons. Ils aimaient les longues et tumultueuses séances dans les celliers des Allobroges et des Séquanes. Malgré les protestations des Romains, ces mœurs n'ont pas disparu; et c'est sans doute à l'influence burgonde, et à la persistance des habitudes importées par eux parmi les races latines, qu'il faut attribuer ce penchant, cette passion pour le vin et la chanson bruyante, que l'on constate dans les villages du Bugey et de la Savoie.

Mais, à côté de ces défauts qui donnaient prise à 'la critique, les Burgondes possédaient des qualités remarquables. Ils étaient très habiles à travailler le bois et cette habileté native, autant que leur haute stature, faisaient l'admiration des contemporains. Leur taille était fort élevée, *septi pedes*, sept pieds, suivant Sidoine Apollinaire, qui sans doute exagère quelque peu.

Chose curieuse, ces deux caractères, haute taille et aptitude pour travailler le bois, se sont très bien conservés dans les montagnes du Jura et témoignent encore aujourd'hui en faveur de l'occupation burgonde. On trouve dans chaque ferme, dans chaque maison un banc de menuisier; le montagnard sait fabriquer tous ses outils, sans jamais avoir appris; il peut même se livrer à des travaux d'ébéniste quelquefois, sans avoir reçu de leçons ni passé par aucun apprentissage. Le professeur Jahn qui a fait une histoire des Burgondes en 2 volumes, cite ce fait comme un des vestiges les plus caractérisés de l'influence des Burgondes sur la race de notre pays.

Quant à la taille, bien qu'elle se soit abaissée, comme d'ailleurs dans tout le reste de la France, elle est encore considérable sur les plateaux du Jura. Jadis, le jour du tirage au sort, c'était un spectacle que de voir défiler les conscrits de Brénod ou de Nantua; leur haute stature faisait penser aux Burgondes de Sidoine Apollinaire.

Ils enterraient leurs morts dans des tombeaux formés de dalles rectangulaires, dont les interstices étaient garnis de mortier; une dalle mince, non murée, pouvant s'enlever à volonté, servait de couverture. Les corps étaient tournés vers l'Orient; on trouve quelquefois plusieurs squelettes dans le même tombeau. Cette dernière pratique, contraire à l'hygiène et au respect dû aux morts, fut réprouvée par l'Eglise.

On trouve sur les agrafes burgondes, plaques de ceinturons, en fait de signes religieux, les noms de Daniel, de Jonas, comme d'autres tirés des prières liturgiques pour les mourants. Entachés de l'hérésie arienne, ils tenaient à prouver qu'ils croyaient néanmoins à la résurrection. On a retrouvé des cimetières burgondes dans un grand nombre de localités du Bugey.

Parlons un peu de leurs rois.

Gondicaire, premier roi des Bourguignons, eut pour successeur Gondioch en 436. Il régna jusqu'en 463 et partagea ses Etats entre ses quatre fils : Chilpéric à Lyon, Gondemar à Vienne, Gondebaud à Genève, Godegisèle à Besançon. Gondebaud dépouilla et mit à mort ses trois frères et leurs fils; il étendit son royaume du Rhin à la Méditerranée et depuis la Hte-Loire jusqu'aux Alpes. Il résidait à Genève. St-Rambert fut donc soumis successivement à l'autorité de Gondicaire, de Gondioch, de Chilpéric et enfin de Gondebaud. Ici se place un épisode dont notre pays fut témoin et dont les circonstances étaient bien capables d'exciter la curiosité publique.

Après le meurtre des fils de Chilpéric, Gondebaud avait épargné ses deux filles. Chrona, l'aînée, prit le voile et Clotilde, la cadette, fut emmenée à la cour de Genève. C'est ainsi qu'en l'année 493 on vit la sainte et pieuse fille du malheureux Chilpéric, partir de Lyon avec une escorte de soldats burgondes et remonter la route d'Agrippa par Ambérieu, *St-Rambert,* Virieu pour aller à Genève dans le palais de son oncle, où elle put librement pratiquer la religion catholique.

La beauté et les vertus de Clotilde frappèrent les ambassadeurs du roi des Francs, lorsqu'ils vinrent à Genève pour traiter des affaires de leur royaume. Ayant rapporté cela à leur maître, Clovis la fit demander en mariage.

Gondebaud y consentit; il fit monter la royale orpheline dans une basterne, espèce de char muni de coussins et traîné par des chevaux; elle partit de Genève avec une escorte de guerriers francs. On la vit passer de nouveau sur la voie romaine, où, quelques années auparavant, elle avait déjà passé; mais, cette fois, elle était environnée d'un cortège triomphal; elle allait devenir la reine des Francs.

On l'accuse d'avoir fait brûler deux lieues de pays, dans les plaines de la Burgondie, avant d'arriver sur les confins du royaume franc, pour venger la mort de son père et de sa mère.

Il faut ranger dans les récits romanesques cette vengeance de Clotilde. Le mariage de Clotilde et ses graves conséquences, dit Henri Martin, frappèrent vivement l'imagination populaire et cet événement devint le texte de récits romanesques qui allèrent s'embellissant de génération en génération.

A tous ces faits, qui intéressent notre pays à l'époque burgonde, il faut ajouter vers 501 la rédaction de deux titres de la loi Gombette à Ambérieu, loi qui fut promulguée en 517, à Lyon par Sigismond. Gondebaud était mort en 516, laissant deux fils Sigismond et Godemar. Le trône échut à Sigismond, qui le transmit en 524 à son frère Godemar.

En 536, les fils de Clovis attaquèrent Godemar, le battirent et s'emparèrent de ses Etats et mirent fin au premier royaume de Bourgogne.

Epoque franque

Les princes francs laissèrent à nos pays les lois de Gondebaud et de son successeur Sigismond.

Après avoir effacé les dernières traces de l'idolatrie, le christianisme, dit Paul Guillemot, continue dans le cours de cette période et de la suivante à étendre son influence, à atténuer l'ignorance et la férocité de ces temps déplorables.

De nombreux monastères, fondés par de saints personnages, richement dotés par les princes et les seigneurs, s'élèvent de toutes parts; ils reçoivent aussi des immunités et des attributions très étendues. Ces couvents gardent en dépôt les chefs d'œuvre des littératures anciennes; ils sont un asile inviolable contre les excès d'une société violente et déréglée; sous leurs murailles respectées, des populations viennent chercher un asile protecteur; des habitations s'y agglomèrent et finissent par former des villes et des bourgades.

En même temps, la féodalité, destinée à être, durant des siècles, une grande institution sociale, se constitue au préjudice du pouvoir monarchique; elle devient graduellement une usurpation des seigneurs, qui profitèrent de la faiblesse de leurs souverains, pour s'attribuer une plus grande puissance.

L'histoire des rois francs n'intéresse guère le Bugey, car nous ne connaissons rien des gouverneurs et des actes de leur administration.

Deux faits seulement méritent une mention spéciale, comme se rapportant plus particulièrement à l'histoire de notre ville et du pays environnant : ce sont le martyre de St Rambert et l'invasion des Sarrazins.

St Domitien était mort le 1er juillet 440, à l'âge de 83 ans.

L'abbaye qu'il avait fondée et, le bourg qui s'était établi peu à peu sur les bords du Brevon, sous la direction du monastère, portaient le nom de Bébronne, tiré de leur situation géographique sur le bord du torrent de ce nom.

Mais, bientôt, ils furent illustrés par le martyre d'un noble personnage de race franque et échangèrent leur nom obscur de Bébronne contre celui de St Rambert.

Saint Rambert était issu d'une des plus illustres familles de France, alliée à la famille royale. Son père, le duc Radbert était

Croix érigée sur le chemin de l'Abbaye, au bord du Brevon,
à l'endroit où fut martyrisé Saint Rambert

gouverneur des provinces qui sont comprises entre la Seine et la Loire. Placé de bonne heure entre les mains de maîtres religieux, il fit de rapides progrès dans la piété et les sciences; à peine sorti de l'adolescence, il était un soldat de J.-C. plus distingué encore selon la foi.

A cette époque, Ebroïn, soldat de fortune et politique ambitieux, s'était fait élire maire du palais, sous le roi Thierry, et pour se maintenir au pouvoir, il déclarait la guerre aux familles les plus célèbres par leur courage et leurs vertus.

Les qualités qui brillaient dans le noble Rambert offusquaient le jaloux et sanguinaire Ebroïn. Aussi accueillit-il avec une joie cruelle la dénonciation d'un prétendu complot tramé contre lui par le fidèle serviteur de Jésus-Christ. Rambert ne daigna pas se justifier de cette calomnie. Il fut envoyé en exil dans le Bugey et confié à la garde d'un seigneur nommé Theudefroi à qui le maire du palais donna des ordres secrets et réitérés pour le faire mourir. Dieu, qui tient entre ses mains le cœur des hommes, toucha de compassion celui de ce seigneur qui aima mieux laisser la vie à cet homme innocent que d'exécuter les ordres iniques d'un tel ministre.

Rambert employa le temps de son exil à se purifier par la pénitence. Cependant Ebroïn ayant appris qu'il était encore en vie, envoya deux sicaires pour le mettre à mort sans délai. Ceux-ci, s'étant mis à sa poursuite, l'atteignirent dans la gorge de l'Albarine, non loin du monastère de St Domitien, sur les bords du Brevon.

A la vue de ces hommes armés, notre jeune héros comprit que l'heure du sacrifice était arrivée. Avant de mourir, il pria ses bourreaux de lui permettre d'aller faire sa prière dans l'église du monastère. Ils refusèrent cette faveur à leur victime et ils le percèrent d'une lance sur le bord du torrent où il s'était mis à genoux pour recommander son âme au souverain Juge, le 13 Juin 680. Une croix de pierre indique l'endroit où il fut mis à mort. Le corps du saint Martyr, recueilli par les religieux du monastère, fut enterré dans leur cloître et les miracles qui s'opérèrent à son tombeau y attirèrent bientôt la foule des fidèles.

Ses reliques furent conservées avec soin et reconnues à différentes époques, soit par les visiteurs de l'ordre de Cluny dont dépendait l'abbaye de St-Rambert, soit par divers évêques dans le cours de leurs visites pastorales.

Pendant la tourmente révolutionnaire, trois chrétiens fidèles que la reconnaissance fait un devoir de nommer : André Tenand, Philibert Thévenin, Pierre Lyaudet, cachèrent les reliques dans la sacristie.

Dès que la paix fut rendue à l'Eglise, elles furent de nouveau exposées à la vénération des fidèles et placées dans une niche pratiquée derrière le chœur de l'église : C'est le cardinal Fesch qui en fit la reconnaissance le 10 Juin 1813. En 1820 on les exposa dans la chapelle St Georges. En 1833, Mgr Devie les fit placer dans la Chapelle dite des Tisserands où elles sont actuellement.

Admirons comment Dieu vérifie cet oracle consigné dans l'Écriture Sainte qu'il conservera les ossements de ses serviteurs; admirons surtout la foi et le courage de Saint Rambert; soyons fidèles à sa mémoire et à son culte et n'oublions pas que nous avons en lui un puissant protecteur dans le ciel.

Chaque année la paroisse de St-Rambert célèbre avec beaucoup de recueillement et de piété la fête de son Saint Patron le 13 Juin. L'éloquence de la chaire, la musique religieuse s'unissent dans un concert harmonieux pour embellir le culte traditionnel. La poésie elle-même y a sa part, comme en témoignent les vers suivants, composés par Mme P. et chantés la veille de la fête, pendant la vénération des reliques.

Saint Rambert en ce jour
Cher à notre mémoire.
Nous publions ta gloire
Avec des chants d'amour.

Nous sommes tes enfants,
Prends-nous sous ton égide.
Que ta vertu nous guide
Sur tes pas triomphants.

Pour conserver ton cœur
Pur de toute injustice
Tu fais le sacrifice
De ta jeunesse en fleur.

A l'appel de ton Dieu,
Fuyant la cour impie,
Aux biens que l'âme envie,
Ton âme dit adieu.

De nos altiers sommets
La majesté tranquille

Te semble un sûr asile
D'innocence et de paix.

Mais l'odieux tyran,
Poursuivant sa victime,
Va consommer son crime
Sur les bords du torrent.

Par un matin brumeux,
A genoux sur la pierre,
Rambert fait sa prière
Qui se termine aux cieux.

Du Brevon frémissant,
L'onde pure empourprée,
Féconde la contrée
De ce généreux sang.

Nous sommes des croyants
A ton culte fidèles ;
Garde-nous sous tes ailes.
O martyr triomphant !

Après le martyre de Saint Rambert, l'histoire de notre pays mentionne les invasions des Sarrazins.

Le passage des Sarrazins à St-Rambert est attesté par un témoignage irréfragable. Leidrade, archevêque de Lyon, après avoir

Châsse renfermant les reliques de Saint Rambert

été secrétaire de Charlemagne, écrit à ce monarque, que suivant ses ordres, il a restauré dans son diocèse les édifices religieux ruinés par les Sarrazins et il mentionne le monastère de Saint-Rambert.

Les Arabes, maîtres de l'Espagne, avaient franchi les Pyrénées et envahi les provinces méridionales de la France. Leur principal corps d'armée fut défait à Poitiers par Charles Martel en 732. Après cette défaite, les troupes sarrazines, qui avaient remonté le Rhône, ne pouvant opérer leur retraite, se répandirent en Bourgogne et se retranchèrent dans les montagnes du Bugey dans des positions inexpugnables.

« Depuis Arles, dit l'historien Mézeray, dans tous les pays où ils passèrent, ils brulèrent et ruinèrent les églises et les monastères, dévastèrent un grand nombre de bourgs ou de petites villes, dont il ne reste plus que le nom, sans qu'on sache le lieu où elles étaient situées, massacrèrent une infinité d'hommes et entraînèrent un grand nombre de captifs. »

Après la défaite de Poitiers, les hordes dévastatrices, qui avaient envahi notre province, furent traquées par les habitants et obligées de se réfugier dans des grottes, ou dans les rochers qui leur offraient des positions naturellement fortifiées.

Aussi, l'on trouve fréquemment dans le Bas Bugey les dénominations suivantes : Passage des Sarrazins, grotte des Sarrazins, Fort des Sarrazins.

A Tenay, contre les rochers qui sont au Sud Ouest de la gare, on aperçoit accrochées comme des nids d'aigle sur un rebord escarpé, des constructions que l'on attribue aux Sarrazins. Ce sont, sur le bord de la corniche, une muraille de face et deux murs latéraux qui vont jusqu'au rocher. Le rocher qui s'avance au dessus sert de toiture.

Des constructions de ce genre s'observaient naguère sur les escarpements rocheux, qui bordent la route de Tenay à Chaley ; les bergers en ont fait disparaître les derniers vestiges.

Ce genre de fortifications existe encore presque intact sur les bords de la Vézeronce en Michaille, dans un endroit qu'on appelle « *la roche à Mandrin* » probablement parce que le célèbre brigand avait utilisé la construction sarrazine.

On a contesté quelquefois l'occupation sarrazine dans nos pays; il suffit de visiter Ordonnaz, Seillonnaz, Bénonces, pour se persuader de sa réalité.

A Bénonces, on trouve le pont d'Aradin, le Crêt d'Arella, le village d'Onglaz, le fort des Sarrazins, le jardin des Sarrazins, la grotte à Roland; il suffit d'entrer dans certaines maisons rustiques pour retrouver tous les détails du gourbis arabe et en particulier la cuisine où les animaux de basse-cour, les moutons et les chèvres viennent familièrement picorer ou brouter à côté des géns de la maison sur le sol en terre battue, qui sert de plancher.

Nous avons trouvé des gourbis de ce genre à Proveyzieux près d'Ordonnaz et à Onglaz près de Bénonces.

Le type de la population rappelle le type arabe et il suffirait de coiffer certains indigènes de la chéchia où de les revêtir d'un burnous pour compléter l'illusion.

Les invasions sarrazines, commencées, suivant certains historiens, pour nos pays tout au moins, après la bataille de Poitiers, se renouvelèrent à plusieurs reprises sous les successeurs de

Charlemagne, le long de la vallée du Rhône et le long de la vallée de la Saône. Outre les indices signalés plus haut, il y a d'autres vestiges qui prouvent amplement l'occupation sarrazine. Ce sont les grottes fortifiées, c'est-à-dire des grottes dont l'ouverture a été entaillée, pour permettre de fermer l'entrée par une porte, et dont les parois intérieures ont été creusées de manière à supporter plusieurs étages de poutrelles et à loger sur un petit espace une population nombreuse.

Ces grottes à creux de poutrelles sont peu communes et n'ont pas été décrites en détail. La grotte des Fées, à Lassignieu, commune de Virignin et la grotte des Sarrazins à Pierre-Châtel, vers les batteries basses, sont les plus remarquables sous ce rapport. Viennent ensuite la grotte de Seillonnaz et la grotte de la Roche Noire à Montagnieu.

Au pied de cette dernière, nous avons trouvé à 0,70 de profondeur, des cendres et des poteries, une pince de forgeron et un cristal de roche percé d'un trou de suspension analogue aux pendants d'oreille portés par les femmes Kabyles.

D'après ces détails, les Sarrazins ne paraissent pas avoir occupé nos pays en conquérants, mais en fugitifs traqués de toutes parts.

Réfugiés dans leurs repaires inaccessibles, ils n'en sortaient guère que la nuit pour aller aux provisions. Ce ne fut que peu à peu, que les survivants, se hasardèrent à établir des relations plus amicales avec les gens du pays. Ils finirent par s'établir dans certains hameaux plus écartés; c'est ce qui explique le type arabe particulièrement conservé dans quelques villages et les noms de famille en *az* où en *oz* que l'on y rencontre plus fréquemment qu'ailleurs.

Ainsi les dévastateurs de la ville et de l'abbaye, de Saint-Rambert eurent à expier durement leurs crimes; il fallut beaucoup de temps à leurs descendants pour conquérir le droit de cité dans nos pays.

Saint Rambert du 8ᵉ au 12ᵉ siècle

La vie de St-Rambert, à cette époque reculée, est toute concentrée autour de l'abbaye, qui renferme les reliques de St-Rambert et où les pèlerins, attirés par le bruit de guérisons prodigieuses opérées à son tombeau, commencent à affluer. C'est vraisemblablement de cette époque que date la construction du château-fort de Cornillon. Instruits par l'expérience de leurs devanciers, qui avaient vu leur abbaye détruite de fond en comble par les Sarrazins, menacés toujours par ces hordes barbares, dont les derniers débris, dispersés par l'épée vaillante de Charles Martel, occupaient encore quelques positions fortes dans le Jura et les Alpes, les abbés de St-Rambert durent penser à élever à côté de l'abbaye, restaurée par les soins de Leitrade archevêque de Lyon, un château fort qui put résister à de nouvelles incursions et protéger le pays.

Vers 799, à la fin du 8e siècle, l'abbaye est florissante; elle renferme cinquante-six religieux, qui vivent dans la plus parfaite régularité. Il semble, qu'à cette époque, le monastère, où reposent les reliques du Saint martyr, atteint un degré de prospérité et de splendeur inusitée. Cela n'a rien d'étonnant sous le beau règne de Charlemagne.

Nous emprunterons à Paul Guillemot le résumé des changements politiques que notre pays eut à subir à cette époque.

Charlemagne laissa à son fils Louis le Débonnaire un grand empire à gouverner; c'était un fardeau au dessus de ses forces. De son vivant, il partagea son royaume entre ses enfants. Nos pays avec le Royaume d'Italie et toutes les provinces situées entre le Rhin, le Rhône et la Saône, échurent à Lothaire.

Quelques jours avant sa mort, Lothaire partagea ses états entre ses trois fils, le 22 septembre 855. Charles, le plus jeune, eut la Provence avec le comté de Lyon auquel était annexé le territoire de Saint-Rambert. Le Bugey fut ainsi démembré, non suivant les limites naturelles, mais suivant la circonscription des diocèses.

Lothaire II avait la partie Est de l'ancien royaume de Bourgogne correspondant à l'ancien diocèse de Belley. Mais, en 858, le démembrement cessa. Lothaire II céda à son frère Charles, roi de Provence, les évêchés de Belley et de la Tarentaise.

Le jeune roi de Provence mourut à Lyon, où il résidait. Il fut inhumé dans l'église abbatiale de St-Pierre.

Ses deux frères Lothaire et Louis se précipitèrent sur cette succession, suivant les habitudes de l'époque, et, après se l'être disputée, ils en font le partage. Lothaire II eut le comté de Lyon, tandis que Louis eut l'ancien diocèse de Belley. Le Bugey fut de nouveau démembré.

Lothaire étant décédé en l'an 869 sans enfants légitimes, son oncle, Charles le Chauve, se hâta d'usurper le royaume de Provence, de sorte que, transitoirement, notre province du Bugey fut réunie à la monarchie française.

Après le règne débile de Louis-le-Bègue, fils de Charles le Chauve, un homme, que la fortune prit dans un rang très inférieur pour l'élever sur un trône, fut souverain du Bugey. Cet homme est Bozon. Il sut s'attirer la faveur de Charles-le-Chauve, et l'exploiter avec habileté.

A la mort de Louis le Bègue, il est gouverneur de Vienne; il convoque près de cette ville, à Mautale, résidence royale, un synode de vingt-trois prélats, parmi lesquels était l'évêque de Belley. Gagnés par ses promesses, intimidés par ses menaces, les évêques l'élurent roi de Bourgogne en 879.

Trois ans après, les rois de France, Louis et Carloman, viennent avec une puissante armée reprendre leurs provinces usurpées; mais les hostilités des Normands, qui avaient déjà été cause du retard de cette expédition, viennent l'interrompre encore et Bozon reprend les provinces de la Bourgogne.

Charles le Gros, successeur de Louis et Carloman, se contenta du vain hommage de l'usurpateur.

A travers, tous ces partages et toutes ces usurpations, on peut comprendre facilement l'anarchie, qui régnait dans les provinces abandonnées par les successeurs de Charlemagne. Les Normands envahissaient le royaume de France et dans notre pays du Bugey, qui n'appartenait pas encore à la monarchie française, les Sarrazins se livraient à des excursions et à des brigandages continuels.

Paradin, dans sa chronique de Savoie, dit que le pays était occupé par des brigands et des voleurs, qui trouvaient un refuge facile dans ses bois et ses forêts et un asile assuré dans certaines forteresses, dont ils s'étaient emparés ; les rois de Bourgogne étant empêchés par d'autres guerres.

C'est vers cette époque, que Bérold le Saxon s'empare de la forteresse de Culoz et en expulse les brigands qui rançonnaient les passants et les marchands et en fait hommage à Bozon, roi de Bourgogne.

Il rendit de tels services que Rodolphe III lui fit don de la Savoie et de la Maurienne, par lettres patentes, datées d'Aix, le 11 mai de l'année 1000.

Revenons maintenant à notre royaume de Bourgogne, dont fait partie St-Rambert.

Bozon meurt en 891. Les prélats et les grands seigneurs mettent, à Valence, la couronne sur la tête de son fils Louis. Ils font valoir auprès du pape, pour obtenir son assentiment, la raison que les provinces sont livrées à l'anarchie et sans défense, contre les hostilités des Sarrazins retranchés dans les Alpes.

Louis déclare la guerre à Bérenger roi d'Italie, le défait et s'empare de ses Etats. Mais, quelque temps après, Bérenger l'attaque à son tour, le surprend, le fait prisonnier et le renvoie en Provence, après lui avoir fait crever les yeux.

A la mort de Louis l'aveugle, son fils Constantin est dépossédé par Eudes, marquis de Provence, qui monte sur le trône. Appelé par les Italiens, celui-ci cède ses Etats à Rodolphe II roi de la Bourgogne transjurane. Toutes les parties du Bugey furent ainsi réunies sous l'autorité d'un seul souverain, auquel l'histoire donne le titre de roi d'Arles.

A Rodolphe II, décédé en 937, succède son fils Conrad, surnommé le Pacifique.

Le Bugey, si foulé et si ravagé pendant les guerres et les usurpations qui se succédèrent sans relâche sous les successeurs de Charlemagne commence à respirer sous le règne de Conrad le Pacifique et de Berthe sa mère.

Ce souverain visite les provinces, s'enquiert de leurs besoins, de leurs usages, prend l'avis des hommes les plus éclairés, convoque des Etats généraux, fait d'utiles réformes, des règlements sages, et veille à leur observation. Son règne de cinquante-sept ans est un règne paisible. Aussi le Bugey conservera-t-il longtemps le souvenir de la bonne reine Berthe et de l'heureux règne de son fils.

Le Bugey commence à respirer et à gouter les charmes d'une tranquillité prospère, lorsque, tout à coup, en 954, les Hongrois envahissent la Bourgogne, détruisent entièrement le monastère de Nantua et jettent l'effroi dans tout le pays.

D'un autre côté, les Sarrazins occupaient toujours les Alpes. Conrad excite les Sarrazins contre les Hongrois et réciproquement ; puis, lorsqu'ils en viennent aux mains, lorsque la lutte est sérieusement engagée, Conrad arrive avec son armée, les enveloppe de tous côtés, les frappe et les taille en pièces.

Cet habile et excellent roi a pour successeur son fils Rodolphe, prince indolent et pusillanime, surnommé *le lâche* et *le fainéant*.

Il meurt sans héritier en 1032 et désigne pour son successeur Conrad-le-Salique, empereur de Germanie qui est couronné dans l'Eglise de St-Maurice de Vienne en l'année 1038.

« Quoique de son vivant, dit encore Guillemot, il ait remis cette couronne à son fils Henri III et que les empereurs ses successeurs, aient continué à se décorer du titre de roi de Bourgogne et de Provence, le démembrement de ce royaume doit être fixé à cette époque, par suite de l'envahissement des plus grands seigneurs. Les empereurs d'Allemagne étaient trop loin pour gouverner effectivement la Bourgogne. »

Le Bugey, après avoir appartenu à l'empire de Charlemagne, au royaume de Provence, transitoirement ensuite à la monarchie française, puis, au royaume de Bourgogne et enfin à l'empire d'Allemagne, tombe au XIe siècle en la possession de divers seigneurs, qui se transforment en petits souverains indépendants.

La Bresse et la Dombes tombèrent au pouvoir des sires de Baugé, de Villars, de Coligny. Le Bugey fut plus morcelé; nous eûmes les seigneuries de Thoire, de Coligny, de Briord, de Groslée, les évêques de Belley, les comtes de Savoie, dans le principe comtes de Maurienne, avec Rossillon et Virieu-le-Grand comme seules possessions.

Au centre de tous ces petits états, était située la seigneurie des abbés de Saint-Rambert dont le château de Cornillon s'élevait entre l'abbaye et la ville protégeant l'une et l'autre et commandant sur ce point l'étroite et profonde vallée de l'Albarine.

Ainsi, dit notre auteur, placés au milieu d'un défilé, dont les issues Ambérieu et Rossillon étaient tenues par deux puissants voisins, les sires de Coligny et les comtes de Savoie, ces abbés ne pouvaient conserver longtemps leur autorité indépendante.

Ils se verront bientôt contraints d'acheter, à un prix considérable, la protection des comtes de Savoie.

L'abbaye et le château, du 12ᵉ au 17ᵉ siècle

Humbert 5ᵉ abbé connu de St-Rambert se voit dans l'obligation de faire confirmer par le pape les possessions de l'abbaye, dont quelques-unes dataient de son fondateur Saint Domitien et des largesses du puissant et riche Gallo-Romain Latinus et de son épouse Syagria.

Le pape Célestin III dans une bulle de 1191 confirme les privilèges de l'abbaye et énumère toutes les églises qui en dépendent ; on y voit indiquées les églises d'Arandas, de Torcieu, de Cleyzieu, de St-Michel de la Roche,... de Conzieu, celles de St-André et de Granier en Savoie, près de Chambéry, etc., etc.

Il est à noter ici que les possessions savoyardes de l'abbaye de St-Rambert, la ville de St André, le prieuré de Granier, etc... furent anéanties par la catastrophe du 24 novembre 1248. A la suite d'un tremblement de terre le Mt Granier s'écroula, engloutissant sous ses ruines cinq villages. Il avait suffi de quelques instants pour changer en un terrain rocailleux, les champs fertiles ; c'est un spectacle encore aujourd'hui terrifiant et lamentable que celui des abîmes de Myans. Sur une étendue de plusieurs lieues, débordant des deux côtés du sanctuaire de Myans, qui fut miraculeusement préservé, la lave de boue et de gravier forme des vagues immenses, portant à leur sommet des rochers plus gros que des maisons, recouverts de vignes et de champs cultivés, pendant que les bas-fonds sont occupés par des lagunes d'eau saumâtre et que les torrents cherchent à se creuser sur ce terrain nouveau un lit dont la forme est peu profonde et très incertaine.

Dans ce cataclysme, cinq paroisses, dont les plus importantes dépendaient de St-Rambert, avaient disparu ; aucun des habitants n'avait échappé à la catastrophe, sauf deux, que quelque voyage ou occupation avait éloignés momentanément de leur pays. Cent cinquante ans après, le procès-verbal de la visite de l'Evêque de Grenoble constate qu'il n'y avait encore à Myans qu'un sanctuaire bien tenu et trois familles.

Revenons un peu en arrière.

L'abbaye était-elle prospère au 12ᵉ siècle ? Non.

Nous le savons par une lettre de Pierre archevêque de Lyon à Pierre, abbé de Cluny. L'abbaye était en décadence, soit au point de vue spirituel, soit au point de vue matériel. Après avoir pris conseil auprès d'hommes sages et pieux, l'archevêque de Lyon écrit au grand réformateur de l'ordre de Cluny, Pierre le Vénérable, pour soumettre à sa juridiction et à celle de ses successeurs l'abbaye de St-Rambert avec toutes ses dépendances. Il pourra nommer l'abbé, le déposer à son gré, suivant qu'il le jugera nécessaire ou utile. Aucun religieux ne devra faire sa profession entre les mains de l'abbé de St-Rambert et recevoir sa bénédiction. Il devra avoir fait sa profession dans le monastère de Cluny pour venir à St-Rambert ou bien y être envoyé, pour ce faire, dans le cas où il aurait fait son noviciat à St-Rambert.

Cette pièce importante, déposée aux archives de l'Ain, indique bien que des abus s'étaient glissés dans le recrutement des religieux et dans les pieuses observances.

Toutefois, la donation de l'archevêque de Lyon n'eut probablement pas d'effet.

D'après Guigue (1), après cette époque jusqu'à sa sécularisation, l'abbaye fut toujours considérée comme relevant directement du St-Siège. On voit néanmoins par plusieurs titres que les visiteurs de Cluny y vinrent souvent faire des actes de juridiction, notamment la reconnaissance des reliques.

L'abbé Humbert, 5ᵉ abbé, eut pour successeur Bernard qui eut de grands différends avec les Chartreux de Portes pour des droits temporels sur le village de Blanaz.

Ce fut son successeur l'abbé Reignier qui concéda en 1206 le château-fort de Cornillon à Thomas Iᵉʳ, comte de Maurienne et l'associa à la Seigneurie de St-Rambert. Cet acte considérable mérite quelques explications.

Par ses possessions de Torcieu, l'abbaye touche aux dépendances des sires de Coligny, dont le château de St-Germain, placé à l'entrée de la Cluse d'Ambérieu à Culoz, marque de ce côté la puissante limite.

(1) Topographie de l'Ain.

Par Cleyzieu et Arandas, elle touche aux possessions des Chartreux de Portes. Argis, Tenay, Rossillon appartiennent à la Seigneurie des comtes de Belley qui sont remplacés, dès la fin du XIe siècle au moins, par les comtes de Maurienne.

Enfermée entre deux puissants voisins, très forts et très entreprenants, l'abbaye de St-Rambert était fatalement condamnée à perdre ses franchises allodiales et à se soumettre à un suzerain. Les affinités territoriales portaient son choix plutôt du côté de la montagne que du côté de la plaine. D'ailleurs, par ses possessions aux environs de Chambéry, elle était déjà en contact avec les comtes de Maurienne. Ainsi s'explique que Reignier, obligé de choisir un suzerain, se soit tourné plutôt du côté de la Savoie que du côté de la Bresse. St-Rambert devient savoyard. Il servira de place frontière et c'est sans doute à ce moment que furent édifiées ou complétées les fortifications du château dont l'importance en même temps que celle de la ville devait durer aussi longtemps que la domination savoyarde; elle fut considérablement diminuée après le traité de 1601, qui réunissait le Bugey à la France.

Le château de Cornillon avait été édifié après les invasions des Sarrazins par les soins des abbés du monastère. Mais nous ne savons rien sur la construction et sur le plan du château à cette époque. Les comptes ne nous ont pas été conservés.

C'est seulement après la cession de 1206 que nous pouvons reconstituer quelques détails intéressants à l'aide des Archives départementales de la Côte-d'Or où se trouve la collection des comptes des châtelains de St-Rambert.

Ainsi la chapelle du château était dans l'intérieur de la tour à côté de la porte; au-dessous était la prison. Amédée III, le 30 décembre 1256, institue Pierre de Beaumont, reclus de Saint-Rambert, chapelain de la chapelle du château. Il est question d'un frère Pierre, reclus de la logette ou oubliette de Saint-Rambert. Ce qui indiquerait que le reclus, faisant le service de la chapelle du château, n'a rien de commun avec le reclus de la Craz.

Il y avait très probablement un réduit en forme de logette dans la tour du château; c'est là que logeait le religieux chapelain, vivant comme un reclus, pour concilier avec ses devoirs d'aumônier ses obligations de religieux.

En 1275, Bozon est chapelain du comte. De 1360 à 1364, c'est Jean de Virieu, reclus de la logette ou oubliette, qui fait le service.

Le château avait besoin de réparations. De 1298 à 1306, il est fait mention de l'établissement de la première et deuxième porte du château. Il s'agit sans doute d'une modification importante au plan primitif pour le rendre plus apte à une défense sérieuse et en même temps plus confortable. En 1306 on répare la courtine qui est du côté de l'église c'est-à-dire le long mur de défense qui descendait jusqu'au Brevon.

La dépense est considérable non seulement pour l'établissement et l'entretien des fortifications, mais encore pour payer les hommes d'armes.

Il y a les guetteurs du château, qui se relayent au sommet de la tour et sont occupés jour et nuit à signaler la présence de l'ennemi, particulièrement lorsque les seigneurs voisins envahissent le territoire. Des éclaireurs sillonnent les routes pour les purger des rodeurs, des brigands ou des hommes d'armes, et ces nombreuses chevauchées occasionnent des dépenses onéreuses et souvent répétées.

La guerre revêt toutes les formes et admet tous les procédés, jusqu'à ce que la trêve de Dieu, cette magnifique institution, qui dépasse de cent coudées les rêveries fantaisistes de nos pacifistes modernes, ait mis un terme à la barbarie au nom de la religion et de l'humanité.

Ainsi vers 1315, le châtelain de St-Rambert envoie quatre hommes mettre le feu au bourg et au château de St-Germain; à leur retour, il les paye grassement; toutefois, il semble qu'il se rend compte de la mauvaise action qu'il a commandée; il dit qu'il ne nommera pas les hommes qu'il a soudoyés.

Le territoire de St-Rambert était surtout difficile à défendre à l'ouest; du côté de Vorages, il était facile de s'introduire sur les terres de l'abbaye et d'y commettre des déprédations. Plus d'une fois les troupes des sires de Coligny durent pénétrer par le plateau du Luisandre, menacer le château de Cornillon et rançonner les villages qui se trouvaient à leur portée.

Aussi les comtes de Savoie songèrent à organiser la défense de la frontière du côté de l'ouest en élevant le château fort de Luisandre. Il fut construit de 1315 à 1319, dans des conditions particulièrement difficiles, puisqu'il fallait monter les matériaux à cette altitude sans le secours d'aucune route préalablement tracée. 5717 ânes furent employés à la construction du château de Luisandre. Il s'agit sans doute de journées d'ânes car une pareille cavalerie n'aurait pas pu se trouver, même en mobilisant tous les aliborons à dix lieues à la ronde.

C'était une vraie bastille dont les murs aujourd'hui effondrés étonnent encore par leurs proportions.

On a eu l'heureuse idée de placer au dessus une croix, le signe de la Rédemption, qui symbolise admirablement en ce lieu le rôle du Christ et de l'Evangile dans l'œuvre de la civilisation. Elle a été bénie en 1900 par Mgr Luçon évêque de Belley, aujourd'hui cardinal et archevêque de Reims.

La bastille de Luisandre ne pouvait produire son effet qu'à condition de grouper autour d'elle un certain nombre de familles qui seraient disposées, moyennant certains avantages, à fournir les corvées et les hommes d'armes. L'intérêt est un mobile facile à mettre en jeu et qui atteint son effet. On proposa un don de soixante sous à des particuliers de Saint-Rambert qui acceptèrent de construire des maisons autour du château.

La frontière était bien défendue et St-Rambert, place forte d'une importance assez considérable pour l'époque, n'eut pas à se plaindre de la domination des ducs de Savoie, qui augmentèrent ses privilèges, y établirent une haute et basse justice, favorisèrent son industrie et en firent la seconde capitale du Bugey.

Il y avait à cette époque des Juifs à St-Rambert et le compte de 1298 fait mention du supplice d'un Juif nommé Manassés condamné à être noyé pour un crime abominable, un peu moins anodin que ceux dont parle Michelet dans son Histoire de France. Si la loi punissait les juifs coupables, aussi bien que les autres, elle les protégeait également : 4 sous d'amende sont infligés à un nommé Pierre qui s'est permis de pousser un juif dans le canal ou dans l'Albarine et de lui occasionner un bain de pied malencontreux. Ce détail prouve qu'il y avait à l'époque une colonie juive dans la ville de St-Rambert. Ils avaient jugé bon, dans ce temps de persécution, de venir s'abriter à l'ombre des murs hospitaliers de l'abbaye et du château. Mais, le peuple ne les aimait pas et, de temps en temps, il y avait des brimades plus graves, contre lesquelles la loi devait les protéger.

La loi Grammont n'a rien établi de nouveau, puisque Pierre Galaud est condamné à 15 sous d'amende pour avoir frappé une vache. Le code de Saint-Rambert défendait aussi d'exercer sans titres et sans compétence, l'art du vétérinaire. Pierre Galet est condamné à 5 sous d'amende pour avoir fait une ponction à un bœuf qui avait enflé en mangeant des feuilles de raves, croyant le guérir.

Tous ces détails nous font assister aux séances du prétoire de Saint-Rambert; Jean Testut dont le fils avait dénudé la queue de 2 vaches est condamné à 9 deniers. La veuve Jourdain doit payer 12 sous pour avoir traité sa voisine de ribaude et lui avoir dit qu'elle ferait bien de porter une autre robe et de s'habiller de vert comme les femmes de mauvaise vie. Jean Hugon aura une amende de 6 florins parce qu'il a tenté de pénétrer avec violence dans la recluserie de St-Rambert. C'est sans doute le petit mobilier du religieux reclus et l'escarcelle où viennent s'empiler les aumônes des pieux fidèles, qui auront tenté cet indigène; mais l'amende est assez forte pour punir cette tentative d'effraction et lui ôter l'envie de recommencer.

Mais il y a quelque chose de plus grave que la diffamation contre les personnes et que les sévices contre les bêtes ou les tentatives de vol même avec effraction : ce sont les doctrines aussi redoutables pour la foi chrétienne que pour les mœurs et les institutions sociales. Telle est l'hérésie Vaudoise qui s'était glissée un peu partout. Nous trouvons, dans les comptes, des châtiments pour crime d'hérésie qui nous paraissent exagérés, lorsque nous les comparons avec les mœurs et la législation actuelle, et surtout avec l'esprit de l'Evangile; mais pour les juges il faut se reporter à l'époque ou les faits se sont passés et penser qu'il ne s'agissait pas seulement, en l'espèce, de doctrines subversives de la morale, de la famille et de la société, confinées dans le domaine de la théorie; ces erreurs étaient accompagnées de telles violences et de telles immoralités que le pouvoir civil était obligé de sévir avec beaucoup de rigueur et d'employer les peines les plus graves, y compris la peine de mort, à cette époque où l'on n'avait pas organisé la peine plus douce des travaux forcés.

L'histoire de l'abbaye peut difficilement trouver place dans un résumé historique, tel que celui du présent livre. Le sujet est assez riche pour occuper à lui seul et illustrer une monographie. Nous ne donnerons que la suite des abbés telle que la mentionne Guichenon, depuis St Domitien jusqu'au milieu du 17e siècle, tout en faisant remarquer qu'entre 440 et 1096 il n'y a aucun document.

Liste des abbés

1. St Domitian, mort en 440.
2. Jean, qui fut establi abbé par St Domitian ainsi que porte la légende.
3. Rénier est le 1er Abbé que Guichenon a rencontré depuis Jean ; il transigea du Château de Cornillon, avec Thomas, comte de Maurienne et de Savoie, Marquis d'Italie, en 1906.
4. Hubert, 1130.
5. Ado, 1140.
6. Humbert, qui eut Bulle du pape Célestin III, confirmative des Privilèges de l'abbaye de St-Rambert, en l'an 1191.
7. Bernard ; il eut différend avec les Chartreux de Portes sur les pasquérages du village de Blanaz, 1123 et 1230.
8. Pierre, 1247-1259.
9. Guillaume, qui transigea avec Philippe, Comte de Savoie et de Bourgogne ; il fut abbé jusqu'à l'an 1280.
10. Pierre de Muguet, 1280 et 1288.
11. Pierre, 1295-1298.
12. Jean de Briord, 1299 et 1302.
13. Pierre de Luyrieux.
14. Anselme, 1328. Edouard, comte de Savoie, fit traité avec lui daté à Voyron en Dauphiné, le 7 Mai 1329, confirmatif des anciennes conventions du comte Thomas de Savoie et de l'abbé Rénier. Il fit le serment d'obéissance et de sujection à l'Archevesque de Lyon, le 15 avril 1328.
15. Antoine de Clermont, Docteur ès droits, 1328-1331.
16. Jean de Gigny, 1336.
17. Anthelme de Miolans, dit d'Urtières, Prieur de Chamou, fut élu abbé de Saint-Rambert par le Chapitre, le 16 Juin. Il ratifia la concession faite, du château de Cornillon, par ses

prédécesseurs Abbés de St-Rambert, au Comte de Savoie.
Le 15 Juin 1344, le Comte de Savoie lui fit hommage du
château de Cornillon devant le grand autel de Saint-Rambert,
présens, Pierre Mareschal, Pierre de Chassillon Chevaliers,
Pierre de la Baume, Damoiseau, et Jean de Meyrix, Docteur ès droits.

18. Hugues de Montmayeur, Prieur de S. Bardoulphe, fut élu
abbé en 1361, après le décès d'Anthelme de Miolans, et, sur
le refus de Jean de Rogemont Religieux de Tournus, il fut
abbé jusqu'à l'an 1380.

19. G. qui transigea le 28 novembre 1381 avec le Comte de Savoie.

20. Pierre, 1391.

21. Claude de Montmayeur, 1404.

22. Amblard ou Amblad du Bourg, de la maison des Seigneurs
d'Argit et de Montgrillet en Bugey, 1411-1420. Il fut élu
abbé de St-Rambert par le Chapitre, le 3 septembre 1411,
par le décès dudit Claude de Montmayeur.

23. Claude du Bourg, Prieur de Villars-Salet, 1430.

24. Louis Mareschal, Prieur de Noms, au diocèse d'Aoste ; il
fut élu abbé en 1438 et le 8 Juillet.

25. Georges Mareschal fut pourvu de cette abbaye par le pape
Sixte, en l'an 1481.

26. Urbain de Miolans, abbé de St Michel de la Clase, de St-
Etienne de Vercel, et de Caramague, puis évêque de Valence et de Die, fut appelé *le père des Pauvres*.

27. Hugues du Sain, Protonotaire Apostolique, 1504-1512.

28. Le Cardinal de Moute, abbé Commendataire.

29. François de Bachod, abbé d'Ambronay, puis Evesque de
Genève ; c'est lui qui obtint, en l'an 1538, du pape Paul,
Bulle de Confirmation de celle de Célestin III.

30. Jean de Bachod.

31. Etienne de la Cous, mourut le 24 septembre 1595 et fut enterré à Ste Claire de Chambéry.

32. Jean Vignon, 1630-1638.

34. Henri de Savoie, Duc d'Aumale et Marquis de St-Sorlin,
1639 et 1650.

Depuis le traité passé entre le Comte Thomas de Savoie et l'abbé Rénier, c'est-à-dire depuis 1096, les comtes et ducs de Savoie ont toujours tenu la ville et la seigneurie de St-Rambert en leur main, et y avaient des châtelains, pour la garde du château et la perception de leurs droits. Louis, Duc de Savoie, ayant demeuré deux mois malade à St-Rambert, et y ayant été fort honorablement reçu, leur accorda les mêmes privilèges et franchises, qu'Amé, comte de Savoie, son aïeul, avait concédées aux habitans de St-Germain, outre quoi il les déclara exempts de tous péages et leydes rière ses Etats deçà les monts. Et, pour plus grande décoration de la ville, ordonna que, dorénavant, les Juges Mages du Bugey y feraient leur résidence actuelle, ainsi qu'ils faisaient autrefois. Les lettres patentes de cette concession sont datées à St-Rambert, le 10 Juin 1442, présens, Philippe de Savoie, etc... ce que Anne de Chypre, Duchesse de Savoije, ratifia par lettres datées aussi à St-Rambert le 16 Juillet 1456.

Quand à la justice de l'abbé, elle a toujours été exercée dans ladite ville, comme elle l'est encore à présent par le Juge et par les officiers de l'abbé.

Il est vrai que les appellations se relevaient, ci devant, par devant le Juge Mage du Bugey, et aujourd'hui, par devant le Lieutenant général de Belley. Le Chasteau fut démoli par le Maréchal de Biron, lors de la conquête de Bresse sous le roi Henri IV. Cette ville est petite, située entre les montagnes fort hautes, sur le bord de la rivière d'Albarine, au grand chemin de Bourg à Belley ; l'Eglise parochiale est hors la ville ; elle est le siège de la justice des Marquisats de St-Rambert et de St-Sorlin et des autres terres que le duc de Nemours possède en Bugey.

St-Rambert est encore remarquable par le beau linge, qui s'y fait, surtout en nappes et serviettes, lesquelles se débitent par rareté jusqu'aux extrémités du Royaume.

Le duc de Savoie Emmanuel Philibert, le 5 octobre 1576, érigea la Seigneurie de St-Rambert en Marquisat, en faveur d'Amé de Savoie. Après qu'Amé de Savoie eut possédé quelques années le Marquisat de Saint-Rambert, il en démembra les villages d'Arandaz et de Tenay, qu'il donna, pour récompense de services, à Claude Guichard, Référendaire de Savoye, sous le titre de Seigneurie ; depuis, les ayant retirés, il fit vente et cession de tout le Marquisat, par contrat du 21 octobre 1601, à Henry de Savoie duc de Remours.

Henry de Savoie, le 21 Juillet 1605, fit hommage au Roy Henry le Grand du Marquisat de Saint-Rambert.

Après le décès d'Henry de Savoie, duc de Nemours, ex Marquis de Saint-Rambert, Louis de Savoie lui succéda audit Marquisat. Ce jeune prince, après avoir fait concevoir de grandes espérances, décéda à Pans, au mois de Septembre 1641, sans avoir été marié, au grand regret de toute la Cour.

Charles Amédée de Savoie, son frère puisné, qui portait le titre de Duc d'Aumale, a hérité de ses biens et est aujourd'hui le 4ᵉ marquis de Saint-Rambert. Tel est le récit de Guichenon.

II. Etat religieux, social, industriel et économique de St Rambert aux 17ᵉ et 18ᵉ siècles

Dès que nous touchons au 17ᵉ siècle, les archives sont plus abondantes et plus complètes. Elles nous permettront de reconstituer, à l'aide de témoignages contemporains, la physionomie, le mouvement industriel et économique, ainsi que l'état social de la vieille cité bugiste avant la Révolution.

Le château démantelé après l'annexion du Bugey à la France, en 1602, dominait, de toute la hauteur de ses ruines imposantes, la ville de Saint-Rambert. Aujourd'hui les murailles rongées par le gel et la pluie s'effacent et tendent à se confondre avec le rocher qui les porte, tandis que l'histoire de la forteresse continue de dormir dans les archives départementales de la Côte-d'Or, où elle est ensevelie avec les comptes du château.

A cette époque, comme au temps des ducs de Savoie, la ville est ceinte de murs, « du moins partout où elle n'était défendue ni par l'Albarine ni par le château » (1). Cette expression de Guichenon, semblerait indiquer que nulle fortification n'avait été jugée nécessaire du côté de l'Albarine. Or, il est à croire que les eaux de la rivière, très réduites en été, ne furent jamais jugées suffisantes pour assurer la sécurité des habitants. Nous trouvons

---

(1) Guichenon, *H. de Savoie, Preuves.*

en effet deux actes, où il est fait mention d'une muraille de la ville, le long du cours d'eau. Le premier, de 1645, concède à la Confrérie des Pénitents une partie du jardin du Collège, pour construire une chapelle contre la muraille de la ville, sur le bord de l'Albarine (2). L'autre, de 1665, parle d'une muraille qui est sur la rivière, près de la porte d'en bas. Quoi qu'il en soit, il ne reste plus des anciennes fortifications qu'un pan de mur qui descend le long de l'arête du Mont Cornillon, entre les ruines du Château et le monument de la Vierge.

St-Rambert avait le titre de seconde ville du Bugey. « En conséquence, elle figurait, dit Leymarie, immédiatement après Belley et avant Nantua, dans les occasions où toutes les municipalités étaient réunies, par exemple, dans les Assemblées provinciales. Ses armes étaient : d'or à un geai ou passereau de sable, au chef de Savoie. Depuis 1601, le chef de Savoie fut remplacé par un chef de France (3) ».

Nous avons trouvé, il y a quelques années, l'empreinte d'un écu de forme ovale du 18e siècle, représentant les armoiries de St-Rambert.

Cet écusson, reproduit ci-devant sur la couverture, est imprimé à la feuille d'or sur un livre de prix, donné en 1769 au collège de St-Rambert à un élève de 4e, Victor Augerd. Le titre du livre est : Eloges funèbres et discours de M. Thomas (de l'Académie française), en 2 volumes, reliure veau, tranche rouge et filets dorés (4). L'abbé Marchand étudia cet écusson et le définissait ainsi : D'or à une Corneille de sable, au chef d'azur chargé de trois lys d'or posés en fasce.

L'ancienne route d'Agrippa, devenue le grand chemin royal, traversait la ville de Saint-Rambert dans toute sa longueur.

En venant de Lyon, on franchissait la porte Sud, édifiée au confluent du Brevon et de l'Albarine, entre le rocher et la rivière. Cette porte menaçait ruine. On dut la démolir en 1727, contre le gré des habitants et du conseil de la communauté, qui se réunissait le 15 février 1728, pour mettre les religieux de l'abbaye en

(2) Registre des Pénitents.
(3) Leymarie, 32.
(4) Bibliothèque Augerd, à St-Rambert.

demeure de la reconstruire. Le gouverneur, Comte de Tavannes, les autorisa à n'en rien faire.

Après avoir franchi la porte, on rencontrait, à gauche, un premier monument : c'était l'église, entourée d'un cimetière où l'on inhumait les enfants. Elle avait été pendant longtemps une succursale de la basilique abbatiale; mais la modeste servante aspirait à se débarrasser de la tutelle du monastère et à devenir maîtresse à son tour. L'édit royal de 1689, consacra l'autonomie de la paroisse, en permettant aux habitants de choisir leur sépulture dans le cimetière de l'église inférieure et en donnant au desservant, qui jusque-là s'était appelé vicaire perpétuel, le titre de curé.

Cette église, qui est encore aujourd'hui l'église paroissiale, n'a pas d'architecture. Son vêtement un peu court s'était agrandi avec le temps de pièces disparates et de chapelles mal assorties. Le chœur était vouté, la nef lambrissée, avec neuf chapelles latérales, dont trois seulement étaient dotées en 1665 : 1° St Jean Baptiste; 2° N.-D. de Pitié; 3° Ste Anne. Dans le procès verbal de la Visite pastorale que fit, à cette époque, Mgr de Neufville, archevêque de Lyon, il est fait mention aussi de la chapelle de St Georges et de la chapelle de Saint Antoine où les marchands toiliers et tissiers faisaient leurs dévotions (5).

Après l'église, on entrait dans la rue du Pavé, resserrée entre le rocher et l'Albarine; puis, on arrivait dans la grande rue au centre même de la ville. A droite étaient le moulin banal et le battoir, propriété de l'abbaye, mus par l'eau d'un canal qui traversait la rue d'un bout à l'autre; l'hôpital, avec sa porte basse, encore la même actuellement; un peu plus loin, un bâtiment du 15ᵉ siècle qui servait d'Hôtel de Ville (6), et dont la grande porte s'ouvrait sur les cours et les classes du collège, séparées par un mur de l'allée qui conduisait à la chapelle des Pénitents. La chapelle des Pénitents commencée en 1646, achevée en 1650, était un petit édifice de 48 pieds de long sur 25 de large, avec portail à plein ceintre sur façade triangulaire, une porte latérale et 6

(5) *Arch. dép. du Rhône.* Registres de l'Ent. dioc., T. VI. p. 157.
(6) Leymarie.

fenêtres également à plein ceintre. La tribune contenait 15 sièges réservés aux officiers de la justice (7).

Ce groupe de bâtiments où ont été réunis, pendant près de deux siècles, la vie communale, la vie intellectuelle et une partie notable de la vie religieuse de la cité bugiste, n'existe plus. Il est remplacé par l'Hôtel de Ville moderne, construit vers le milieu du siècle dernier (8) et par une rue transversale qui conduit sur la place de la gare.

A gauche de la rue était le four banal; l'allée du four existe encore. Elle est appuyée contre la pente de la montagne. En 1721, les eaux pluviales y ont amassé tant de pierres et de gravier que les boulangers et les servantes, en allant et venant, y laissent tomber leurs pains. Le 6 Juillet, on décide de faire les réparations nécessaires. Plus loin était l'hôtel du duc de Nemours.

Enfin, des deux côtés de la rue, tant à droite qu'à gauche, on apercevait des maisons remontant au XVe siècle, avec vestiges du XIIIe et du XIVe. Actuellement, elles sont de plus en plus rares : il ne reste plus que quelques portes ogivales, fenêtres à meneaux, blasons ou cartouches encastrés dans les murs. Tout ce qui rappelle le passé est en train de disparaître, au grand dam des archéologues et des artistes ; c'est le cas de répéter après Leymarie : « Si la fièvre de démolition ne s'apaise, St-Rambert n'aura rien à envier au plus insignifiant faubourg » (9).

La grande rue, aujourd'hui spacieuse et éclairée, était recouverte par une ligne de halles ou toitures très anciennes, qui rendaient cette rue sombre mais pittoresque. Elles ont disparu vers le milieu du siècle dernier; elles ont été remplacées par les arcades de la rue de l'Hôtel de Ville.

Au sortir de la grande rue, on pénétrait à gauche sur la place du Faubourg, où les bourgeois et le peuple se rendaient pour les feux de joie et les réjouissances publiques. On arrivait ainsi vers la porte d'en haut appelée encore la « porte du faubourg ».

Cette porte avait, au dessus, des chambres dont la location rapportait 20 sols à la Fabrique de la paroisse. Le 21 Janvier 1667, elles sont louées à Claude Curtet, pour la dite somme, à la con-

(7) Registre des Pénitents.
(8) Leymarie.
(9) Leymarie, p. 64.

dition de rendre la dite maison aux habitants, toutes les fois qu'on serait obligé d'y faire le guet ou garde, en cas de guerre ou de peste. Le prix modique de la location s'explique par le fait que ces chambres étaient « ruineuses » et furent rétablies par M° Pressieu, beau père de Claude Curtet. Le 9 avril 1728, Guillaume Trocu, écuyer, marquis de St-Rambert, prétend avoir des droits sur la porte; il assigne M° Pressieu, conseiller curial de la ville, en revendication de l'usufruit des chambres louées à son gendre. Aux prétentions du marquis peu accommodant la ville oppose la possession de temps immémorial.

Toutefois, cette porte jouait de malheur. En 1748, il est sérieusement question d'élargir le grand chemin royal, qui traverse Saint-Rambert, et de démolir la porte du Faubourg. Les habitants protestent ; ils ne peuvent se résigner à voir disparaître ce dernier et important vestige des fortifications de la ville, auquel d'ailleurs sont attachés de nombreux souvenirs, qui alimentent la chronique populaire et exaltent le chauvinisme local.

Les syndics Paris et Orset écrivent au Comte de Tavannes, qui répond sèchement, le 31 Janvier 1748, que « du moment qu'il est nécessaire d'abattre cette porte pour faire le grand chemin, il n'y a rien à dire ».

Mais l'inspecteur des chemins royaux, M. Gabbiot, qui devait opérer autour du monument en litige, faire un plan définitif et donner des ordres, ne s'en tirait pas à aussi bon compte. Il fut, parait-il, copieusement insulté, en présence de toute la communauté, par le sergent royal de St-Rambert, Pierre Bourdin. Il y eut un procès verbal, relatant l'insulte faite à l'inspecteur dans l'exercice de ses fonctions ; le procès n'eut cependant pas de suites facheuses, parce que le délinquant se hâta d'envoyer au fonctionnaire une lettre d'excuses.

La porte fut démolie; le grand chemin royal passa plus commodément; mais, en même temps disparaissaient des souvenirs et des traditions qui attachaient les gens du peuple à leur pays et alimentaient merveilleusement le patriotisme.

Après cette vue à vol d'oiseau des rues et des monuments du vieux Saint-Rambert, au 17° et 18° siècle, il nous reste à parler du chiffre de la population et de l'organisation des services publics.

Le procès verbal de la visite de Mgr de Neufville, archevêque
de Lyon, en 1655, porte le chiffre de la population à 1800 communiants. Il est fort probable que ce chiffre était donné approxi-
mativement et ne correspondait pas à la réalité. Treize ans
après, en 1668, à la suite d'une demande de la communauté et
du curé de Saint-Rambert réclamant deux vicaires, l'Archevêque
de Lyon nomme des experts pour faire une enquête sur le chiffre
de la population et le service de la paroisse. C'est un véritable
recensement. Les experts constatent que la paroisse comprend
421 familles en son étendue, qui font 1380 communiants et près
de 300 non communiants, qu'elle est composée outre la ville et
les faubourgs de onze hameaux, dont le plus proche de l'église
paroissiale est à demi lieue et d'autres à une lieue, situés en pays
montagneux, pendant en précipices et coupés de torrents, ayant
la dite paroisse deux lieues de diamètre en quelques endroits.

Dans la requête qu'ils avaient adressée à Mgr l'Archevêque,
pour l'obtention de deux vicaires, les syndics avaient représenté
que ladite paroisse se compose de la ville fermée de murailles,
où il y a siège de justice avec les mêmes attributions que les
bailliages, dont le curé doit être gradué, et aussi de neuf villages... faisant en tout le nombre d'environ dix huit cents communiants.

On voit que les chiffres des syndics ne s'accordent pas avec
ceux des experts, ni pour le nombre des communiants, ni pour
le nombre de villages. Les chiffres donnés par l'expertise de 1668
offrent plus de garanties d'exactitude. La population de Saint-
Rambert, hameaux compris, parait donc avoir été d'environ dix
sept cents habitants, vers la fin du 17e siècle.

En 1790, d'après une délibération du 26 janvier, on voit que
la population est supérieure à 2.000 âmes. Elle a augmenté.

La ville possédait une horloge publique qui était dans les bâtiments du collège. Des rouages s'étaient rompus; la rouille les
avait détériorés. Elle fut visitée, en mai 1698, par un maître horlogeur de Poncin qui la mit en bon état.

En août 1725, le sieur George Turrel, maréchal, qui avait la
conduite de l'horloge fait connaître au syndic Bugniod qu'il y a
quelque chose de rompu dans les rouages, ce qui fait qu'elle
avance ou recule et ne peut aller justement, qu'il est très impor-

tant pour le bien public d'y faire les réparations nécessaires. On
fait venir un maître horlogeur de Villebois, Joseph Dulac ; il
visite l'horloge et constate que les rouages sont si anciens et si
détériorés qu'il faut les refaire à neuf ; il propose de faire une
horloge toute neuve, semblable à celle de Lagnieu, pouvant durer
deux siècles, et sonnant les demi-heures; le tout, y compris le
voiturage et la pose, pour la somme de deux cent cinquante
livres.

Comme le marché comportait la cession de la vieille horloge
à maitre Dulac, il fallut se pourvoir d'une cloche ou timbre pour
la sonnerie; elle fut achetée à Lyon et du poids de quatre vingt
dix livres. Le tout était mis en place à la fin de 1726.

Nous avons vu que la ville avait un moulin banal et un four
banal dépendant de l'abbaye.

Il n'existait que deux fontaines, aux deux extrémités de la
ville, dont l'eau se troublait en temps de pluie.

L'éclairage des rues fut inconnu jusqu'au milieu du 18e siècle.
Cependant, dans la rue du Pavé, à cause de la proximité des maisons, et dans la grande rue, à cause des halles, l'obscurité était
grande, surtout pendant les soirées d'hiver. Les conseillers et
syndics se décident, le 26 Décembre 1757, à éclairer les rues et
à faire l'achat de huit lanternes.

Sur l'état des logements des gens du peuple, nous savons peu
de chose. Le 17 Février 1726, l'assemblée est avertie qu'il y a
parmi les habitants de Saint-Rambert, plusieurs particuliers qui
font le feu dans des maisons qui n'ont point de cheminée. Il y
a danger d'incendie, et, pour prévenir ce malheur, elle décide
que le sieur Bugniod syndic prendra un état des maisons qui sont
sans cheminée, qu'il sommera les propriétaires d'en faire établir
dans un mois, faute de quoi il se pourvoira pour en donner le
marché à leurs frais. Il y a longtemps que la question était sur
le tapis ; sans doute l'inertie des propriétaires avait jusque-là toujours tenu tête aux remontrances des syndics les plus zélés.
Déjà, en 1715, le maire avait été avisé que Joseph Derrias n'a-
vait aucune cheminée dans sa maison, qu'il y faisait le feu pour
son nécessaire, au risque de l'incendier ainsi que toutes celles
de la ville. On lui avait donné six mois pour en faire construire
une, et, faute par lui d'obéir, on la construirait à ses frais.

Les maisons qui sont sur la voie publique ont un banc devant la porte ; c'est là que l'on cause des nouvelles du jour; car on vit en famille dans la ville de Saint-Rambert. Les bancs de bourgeois, stipulés d'ailleurs dans les actes de vente des maisons, transforment ainsi la rue en salon en été, et contribuent à entretenir parmi les habitants l'esprit de familiarité.

Nous verrons, en parlant des marchands, que le commerce allait s'approvisionner à Lyon principalement. Une voiture publique, le carosse de Belley à Lyon, traversait Saint-Rambert une fois par semaine (10).

Après ces notions générales, il est temps d'étudier, avec les détails fournis parcimonieusement par les archives, les *professions et métiers* des habitants de Saint-Rambert à cette époque.

Professions et métiers

1° HOTELIERS ET CABARETIERS. Les cabarets sont plus nombreux que les hôtels et toujours ou presque toujours indiqués d'après le nom du tenancier, non d'après l'enseigne. Il n'en est pas de même des hôtels. Les archives en nomment trois, sans spécifier l'endroit de la ville où ils sont situés : L'hôtel du Cheval blanc, l'hôtel de l'Ecu, et l'Hôtel du Griffon d'or.

L'hôtel du Cheval blanc eut l'insigne honneur d'héberger, en 1655, Monseigneur Camille de Neuville de Villeroy, archevêque de Lyon. Le 30 août, il arrivait à Saint-Rambert, après une matinée bien remplie; il avait, en effet, visité, depuis son lever, Aranc et Courlier son annexe, St-Jérome, Izenave et Lantenay. Cela ne l'empêche point de procéder le même jour à la visite de la paroisse de Saint-Rambert.

« Nous avons été visité à notre logis, dit le procès verbal, qui estait au Cheval blanc, par MM. les Moynes de l'Abbaye du lieu, en corps, lesquels, avec le Sr Juge du lieu, nous ont accompagné jusqu'à la porte de l'église, où le Sr Curé nous a reçus, nous présentant la croix et l'aspersoir et les habitants nous offrant le dais que nous avons refusé, etc. »... suit le détail de la visite de l'église.

(10) Leymarie p. 33.

Le lendemain, dès la première heure, sa messe dite, il continuait sa tournée pastorale par Ste-Julie, Chazey, Rignieux-le-Franc, Crans, Rignieux-le-Désert, Loyes, St Pierre de Villieu.

Si l'on tient compte de ce que la visite du diocèse se faisait à cheval, par des routes souvent détestables, et que, dans toutes les paroisses, Mgr de Villeroi se livrait à une étude approfondie de l'église et de ses ressources, on né peut qu'admirer la diligence et le zèle de l'illustre archevêque, qui parcourt ainsi tout son immense diocèse (11).

L'hôtel de l'Ecu était tenu au commencement du 18ᵉ siècle par la famille Jarrin. On y donnait pension à certains moments aux régents du collège, qui étaient mal installés et trop à l'étroit dans les bâtiments de l'Hôtel de Ville.

En 1738, le sieur Finiel, prêtre de St-Flour, principal du collège, cherche une pension pour M. Roger, second régent, récemment arrivé de Lyon. Il n'en trouve point de commode. Il finit par le loger à l'Ecu, chez le sieur Jarrin ; mais il profite de cette occasion pour réclamer une augmentation de son traitement qui est porté de 500 livres à 600. Les maîtres étaient assez mal payés et fort besogneux. Aussi ils réclament sans cesse et changent souvent.

L'hôtel du Griffon d'Or fut, en 1696, le théâtre d'une histoire quelque peu dramatique, qui nous instruit sur les procédés de l'époque.

Le 8 Janvier, le sieur Trocu de Terment, lieutenant de la Compagnie du seigneur de Montferrant dans le régiment de Monseigneur de Thoy estranger, est installé au logis, où pend pour enseigne le Griffon d'Or. Il cherche des recrues dans le pays de St-Rambert.

Il envoie des hommes, pour prendre, au village de Serrières, Claude et Jean Martin, et les amener à son logis; là il leur déclare qu'ils sont enrôlés. Ces deux cultivateurs protestent qu'ils sont mariés et pères de quatre petits enfants, que la femme de Claude est paralysée, qu'ils n'ont jamais porté les armes, ni parlé de s'enrôler. Le dimanche, ils ont été invités par Louis Bonnet, maître scieur de bois du pays d'Auvergne, d'aller boire

---

(11) Arch. dép. du Rhône. Visites pastorales, T. III et IV.

chopine. Ils sont entrés dans le logis de Joseph Juvanon, où ils burent deux chopines; mais il ne fut pas question de rôles ni d'engagement; ils ne parlèrent que de faire scier quelques noyers dans le village.

Le sieur Trocu du Terment les fait jeter en prison. Que peuvent faire les prévenus ? Il leur est impossible de recourir à l'intendant qui est à trente lieues. Ils sont tous deux illettrés ainsi que leur mère. Ils chargent le notaire Griot, de rédiger une protestation contre la violence qui leur est faite, en l'appuyant du témoignage de trois marchands, Barachin, Chapuis, Amblard, et de Tornier, concierge de la prison.

A cette série d'hôtels pouvons-nous ajouter l'hôtel du Soleil, qui est actuellement la maison de Mme Passelac ? La tradition prétend que c'est là que Lamartine aurait couché, lorsqu'il vint pour la première fois au collège de Belley.

Voici en quels termes le poète parle du pays et de l'hôtel où il s'arrêta :

« Des rochers énormes pendent du haut des montagnes, comme s'ils allaient nous écraser par leur chute ; quelques vignes grimpent contre leurs aspérités ; quelques cheminées fument à travers ces feuilles de vigne.

« Nous ne pouvions nous lasser de regarder ces phénomènes sauvages, menaçants et caressants tour à tour. Peu à peu le défilé s'élargit, le ruisseau grossit, les maisons aussi pittoresques, mais plus nombreuses, se rapprochent sur les deux rives et forment le faubourg d'une petite ville appelée Saint-Rambert... Une petite auberge, dont les filets tapissent le mur, puise les écrevisses et les truites sous ses fenêtres et sous son escalier. On soupe et on couche là, au bruit et à la fraîcheur du petit fleuve. Quelques usines y joignent le bruit du marteau, quelques moulins le tic tac des roues. C'est un des lieux les plus pittoresques du monde. » (12)

Les cabaretiers sont nombreux ; il est difficile de leur donner un état civil, avec les mentions fugitives des papiers qui nous restent. Nous connaissons surtout ceux qui sont chargés des banquets officiels de 1724 à 1753, attendu qu'ils fournissent leurs notes dont une partie a été conservée dans les archives.

(12) Cf. Marius Déjey. *Le séjour de Lamartine à Belley.*

Les traiteurs qui ont les faveurs officielles sont : Mme Jarrin, en 1724 et 1725 ; ensuite Philippe Bibet et Georges Bichat jusqu'en 1753.

Les hôteliers et cabaretiers devaient payer sur le vin l'impôt du demi treizain. Dans un acte du 1ᵉʳ Janvier 1688, le demi treizain est amodié à Emmanuel Bonnier, moyennant la somme de 400 livres (13).

Naturellement, ils cherchaient à échapper à l'impôt. La consommation de la famille étant exemptée du demi-treizain, ils avaient intérêt à donner un chiffre élevé pour cette consommation familiale. Il parait même qu'ils ne s'en faisaient pas faute. Les syndics et conseillers statuèrent, par délibération du 26 Décembre 1763, que le droit de consommation serait fixée uniformément, pour le cabaretier, à 5 septiers de vin pour chaque tête composant son ménage, depuis l'âge de 15 ans et au dessus.

Il est défendu aux cabaretiers de donner à boire pendant les offices, à peine de 30 livres d'amende, d'après un arrêté du 11 Octobre 1721, de Jean Baptiste Reverdy, avocat en parlement, syndic général de la province du Bugey, conseiller du Roy, maire perpétuel de la ville de Saint-Rambert.

En 1723, Claude Compare et Claire Fontanet, sa femme, cabaretiers, sont traduits devant le maire et juge de police, pour avoir donné à boire et à manger pendant les fêtes de Noël dernières, et notamment le 3ᵉ de ce mois, pendant la messe de paroisse, à divers particuliers, au scandale du public. Ils sont pauvres et ne sont condamnés qu'à trois livres d'amende. Après les frais payés, le surplus sera donné aux pauvres de l'hôpital.

Le 12 octobre 1764, il est enjoint à tous les cabaretiers de tenir un registre des voyageurs, à peine de 25 livres d'amende pour l'hôpital.

Le mémoire de Dubois nous permet de jeter un coup d'œil rapide et discret sur un des cabarets de Saint-Rambert à la fin du 18ᵉ siècle (14).

Le centre de réunion des bourgeois et des personnages titrés de Saint-Rambert était un cabaret, tenu par un nommé la Caille,

(13) Acte Falavier. Arch. S. R. N° 2277.
(14) Archives de la Cure.

qui avait l'attention d'avoir toujours sa cave approvisionnée des meilleurs vins du pays; car, alors, on n'en buvait pas d'autres.

Le cabaret était près de la Grenette. Il était sombre, en contre-bas de la rue d'environ 50 centimètres. C'est là que nos bons ancêtres se réunissaient sans cérémonie, sans étiquette.

La Révolution a fait disparaître ces mœurs anciennes. Pendant quelques années encore, on organisa quelques réunions où l'on savourait le vin du pays et où les fronts s'épanouissaient aux refrains d'une gaie chansonnette.

Dès que le vin blanc avait coulé du pressoir et qu'à raison de son mélange avec la lie on le nommait bourru, ils le dégustaient, en l'épaississant encore par la mastication de chataignes rissolées.

Pendant tout le temps que le vin blanc conservait son opacité, c'était à lui qu'étaient décernés les honneurs de la soirée; mais il tombait en discrédit, dès qu'il se dépouillait de sa lie. Aussi le cabaretier avait l'attention, autant dans son intérêt que pour contenter le goût de ses pratiques, d'introduire dans le tonneau, par la bonde, un écouvillon qu'il agitait dans tous les sens, afin de prévenir la clarification du vin et de le conserver à son état de bourru.

Dès qu'il n'y avait plus dans le tonneau ni lie ni vin, les anciens revenaient au vin rouge.

Ce vin, ajoute le chroniqueur, était servi dans des bouteilles de verre d'un blanc verdâtre et à goulot très évasé ; on les nommait feuillettes. Ces feuillettes arrivaient accompagnées d'un ragout de ramequin (15), et, à défaut de ce brouet, l'hôte faisait griller des tranches de pain dont il couronnait le goulot de la feuillette. »

Nous avons cité le passage tout entier, parce qu'il nous a semblé que ces usages des vieux bugistes, décrits par un parisien, terminaient fort à propos le chapitre des hôtels et cabarets de Saint-Rambert.

Médecins, chirurgiens, rhabilleurs

Occupons-nous maintenant de ceux qui sont chargés de pourvoir à la santé publique, pendant cette période de cent cinquante ans.

(15) Espèce de fondue qui se fait avec un fromage du pays.

Nous trouvons établi à St-Rambert, en 1652, M. François Geneviève, docteur en médecine. Il figure comme témoin dans un acte du notaire Falavier. Il est syndic en 1666.

La situation des médecins est considérée. Philibert Bonnier, docteur en médecine, marie sa fille Bertrande, le 18 Janvier 1661, à Pierre Cottin, avocat au Parlement, fils de Mᵉ Gaspard Cottin, juge au grenier à sel de Lagnieu. Outre la constitution principale de dot, demoiselle Bonnier reçoit de son père la somme de 100 livres pour l'achat d'une robe et le futur s'engage à lui fournir de bons et suffisants joyaux, suivant leur condition.

Hugues Chabot, également docteur, exerce la médecine en 1697.

Les médecins occupent, avec les avocats, les charges les plus honorables et les plus importantes dans le Conseil de la Communauté.

Joseph Philippe Grumet d'abord établi à Ambérieu vient se fixer comme médecin à St-Rambert. Il est syndic en 1741. Il eut à intervenir dans un différend survenu entre le curé Bruiset et les religieux de l'abbaye. Il était d'usage que le clergé de la paroisse, la veille du 13 Juin, date de la fête de Saint Rambert, se rendait jusque vers la Croix de la Maladrerie, au devant des religieux qui apportaient processionnellement les reliques du saint à l'église paroissiale. Cet usage n'avait pas été suivi en 1741. Au mois de Juillet de la même année, le docteur Grumet demande que l'affaire soit portée devant le lieutenant général de Belley.

A cette époque, les épidémies étaient assez fréquentes.

En 1722, on fut menacé de la peste. Le Comte de Tavannes, commandant pour Sa Majesté en Bourgogne, Bresse, Bugey et Valromey, commande d'établir des « gardes de santé ». Il s'agit d'empêcher la propagation de la peste par des personnes ou transports de marchandises venant des pays infestés ou suspects. Il ordonne qu'on établisse un corps de garde dans l'hôtel de ville, composé d'un commandant et de quatre hommes, pour faire des rondes de toute la ville, faubourgs, logis et cabarets, pour noter les mendiants, étrangers et gens suspects, vérifier leurs certificats de santé, comme aussi pour reconnaître s'il y a quelque dépôt de marchandises suspectes dans les logis et cabarets, pour, s'il s'en trouve sans les attestations requises, être déballées, parfumées ou brulées, en présence des magistrats, suivant l'exigence des cas.

L'établissement des gardes de santé est prescrit sous les peines les plus sévères. Les habitants, dont la liste est dressée, sont tenus de prendre la garde au jour qui leur est fixé, sous peine de 50 livres d'amende et d'un mois de prison en cas de récidive.

Toutes ces ordonnances furent-elles observées ? Nous ne le savons pas.

En tout cas, une épidémie terrible sévit à St-Rambert en 1729 et 1730. Dans le mois de Janvier 1730, décédèrent le curé Aimé Guichard, ses deux vicaires Joseph Gros et Nicolas Maillet et aussi le religieux qui les avait assistés. Il y eut neuvaine et grande procession le jour de la Saint Blaise. La procession du Jeudi Saint, qui se faisait à la chapelle du Reclus à 1 kilomètre de Saint Rambert et qui ne s'était pas faite depuis 20 ans fut rétablie. L'épidémie cessa à la fin de Mars (16).

Après Joseph Philippe Grumet, qui, comme nous l'avons vu, exerçait vers le milieu du 18e siècle, Saint-Rambert semble avoir manqué de médecins. Les syndics et conseillers délibèrent, le 25 Mars 1764, pour parer à cette situation pénible et anormale. Ils décident de s'adresser à un sieur Lempereur qui était sur le point de s'établir à Bourg et avait déjà fait quelques frais pour son installation. Comme il faut un médecin à tout prix, et que sans doute la situation au point de vue des honoraires ne paraissait pas très avantageuse aux jeunes docteurs qui désiraient s'établir, les maires syndics et conseillers sont disposés à faire des sacrifices. Ils votent une somme de cent livres, pour indemniser le sieur Lempereur de ses frais de déplacement; il lui sera payé en outre 25 sols par habitant malade, à condition qu'il n'y ait pas plus de deux visites par jour pour le même.

La condition des docteurs en médecine ne parait donc pas s'améliorer à Saint-Rambert.

D'autre part, les chirurgiens et rhabilleurs leur font une large concurrence. C'est toute une catégorie de spécialistes ingénieux et actifs qui jouissent déjà de la faveur populaire.

(16) Registre des Pénitents.

En 1671, nous trouvons le sieur Nicolas Respy, maître chirurgien, établi à St-Rambert. Non seulement il tient cabinet, mais il dirige et forme des apprentis. L'art et le métier s'apprenaient en deux ans.

Le 22 juin 1671, Gaspard Buynand, receveur au grenier à sel de Nantua, demeurant à St-Rambert, passe un contrat avec le sieur Respy, moyennant la somme de cent livres, pour apprentissage de la chirurgie à son fils Pierre Buynand.

Ne fut-il pas content des leçons données par le maître chirurgien de Saint-Rambert ? Toujours est-il qu'il envoie son fils terminer ses études à Lyon, chez M° Jean Claude Dumand, qui lui enseignera toutes les ressources de son art moyennant une somme de 132 livres, dont quittance est fournie par M° Chambard, notaire.

Pierre Buynand, son apprentissage terminé, se fixe à St-Rambert; il fait concurrence à son ancien maître. L'élève et le maître se disputent les faveurs de l'abbaye. Les fonctions de barbier et de chirurgien des grand prieur et religieux du monastère étaient recherchées, à cause de la demi-prébende affectée à cette charge. Dès 1681, le sieur Pierre Buynand en avait fait les fonctions, en vertu des provisions que Messire Claude Preudhomme, seigneur et abbé commanditaire de l'abbaye de St-Rambert, lui avait accordées à cette date.

Nicolas Respy, sans doute pour se venger de la concurrence que lui faisait Pierre Buynand, qui avait le prestige d'un apprentissage fait à Lyon et une certaine habileté, cherche à l'exclure de l'abbaye et à prendre sa place. En 1686, il obtient de Claude Preudhomme des lettres de provisions, datées de Paris, du 10 Avril, lui donnant la charge de barbier et chirurgien de l'Abbaye. Il les fait signifier aux religieux le 11 Mai.

Ce fut un grand émoi. Le lendemain, les sieurs grand prieur et religieux de l'abbaye s'assemblent capitulairement. Ils déclarent qu'ils sont satisfaits des services de Pierre Buynand; ils décident unanimement que l'abbé sera très humblement prié de lui continuer ses fonctions de barbier et de chirurgien.

Le chirurgien Respy ne put entrer dans la place. Cependant, nous le voyons plus tard pénétrer dans l'abbaye, non pas pour faire une des opérations prévues et rétribuées par la demi-prébende, mais pour emprunter à Philibert Baron, grand prieur et réfecturier de l'Abbaye, une somme d'argent, dont le chiffre n'est pas donné, mais dont l'existence est constatée par un acte du 2 Février 1724.

On comprend que le sieur Nicolas Respy tint école d'apprentis, pour se créer des ressources. Le 3 août 1684, Claude Plantier met son fils Charles Plantier en apprentissage chez le sieur Respy, qui promet de lui enseigner l'art et le métier de chirurgien pendant deux années et de ne rien lui cacher de sa profession. Le prix convenu n'a pas été marqué dans l'acte notarié.

En 1687, un nouveau chirurgien vient s'établir à St-Rambert. C'est Joseph Chabot, fils d'Hugues Chabot docteur en médecine. Il arrive du service de Sa Majesté, au mois de Décembre. Ce service ne parait pas l'avoir enrichi. Il est de retour depuis trois ou quatre jours seulement, lorsqu'il emprunte, par devant Me Rosset, notaire, de Jacques Buynand, conseiller de son Altesse royale de Savoie, procureur fiscal des Eaux et Forêts dans les terres du Bugey, la somme de 150 livres, pour s'habiller, acheter des outils et se mettre en état de continuer sa profession. Douze ans après, nous le voyons figurer dans un acte par lequel Philibert Caron, clerc tonsuré d'Indrieu, prend possession de la charge, de la prébende et de l'office d'ouvrier, à l'Abbaye de Saint-Rambert.

En 1754, Pierre Respy est chirurgien à St-Rambert. Nous le savons d'après un testament fait par lui, devant Me Baron, notaire. Après avoir recommandé son âme à Dieu et à toute la cour céleste, il charge Marianne Auger, son épouse et héritière, de faire dire, l'année de son décès, vingt messes tant grandes que petites pour le repos de son âme, et de donner une somme de vingt livres aux pauvres orphelins de la paroisse.

Enfin Raymond Martin est maître chirurgien en 1777. Il est élu syndic pour deux ans.

Il serait intéressant de connaître les procédés des chirurgiens et rhabilleurs de l'époque. Les archives sont muettes à ce sujet. Elles mentionnent toutefois un fait divers, assez instructif, qu'il nous faut rapporter. Il concerne les rhabilleurs.

Le 17 Mars 1788, Claude Humbert, charpentier de Morgelas, petit village de Saint-Rambert, travaillant à la journée pour les religieux, était monté sur un chêne; il fit une chute qui lui rompit et fracassa les membres. Le médecin rhabilleur fut mandé. Il ordonna d'apporter au milieu de la cour un monceau de fumier de cheval dans lequel il fit mettre le patient.

Le notaire Rosset, appelé en hâte pour faire le testament du malheureux charpentier, constate la situation de son client « lequel était, dit-il, dans un monceau de fien de cheval, fait dans le jardin et cour de la maison abbatiale du dit St-Rambert, Ledit monceau et lit de fien lui ayant été ainsi faict et mis dedans, par ordonnance du médecin rhabilleur. »

Le nom du rhabilleur n'est pas donné. Un seul se trouve nommé dans les archives c'est le Sr Joseph Roux qui exerçait vers 1739.

Les chirurgiens étaient considérablement gênés par la concurrence que leur faisaient les rhabilleurs, dans la province du Bugey. Ils demandèrent au parlement de leur interdire la Chirurgie, de leur faire payer un droit. C'est ainsi que nous voyons, le 12 Mars 1789, le sieur Philippe Cottin, lieutenant du premier chirurgien de sa Majesté dans la province du Bugey, demeurant à Saint-Rambert, donner quittance de 45 livres 9 sols 10 deniers à Joseph Roux, rhabilleur à St-Rambert. C'est pour sa contingente part de la somme de 272 livres 19 sols 5 deniers, portée par l'exécutoire du Parlement de Paris, du 14 Juin de la présente annéé, obtenue par ledit Cottin tant contre ledit sieur Roux qu'autres exerçant l'art de chirurgien dans la province du Bugey.

Il nous reste à dire un mot des apothicaires et des sages-femmes, pour terminer ce sujet.

Les apothicaires ne sont pas nommés dans les Archives de St-Rambert. Un seul est mentionné comme témoin dans un acte. C'est le sieur Anthoine Carron.

Quant aux accoucheuses, il en est parlé une seule fois. En 1762, le 30 Mai, sur les instances de Mr Bouillet, subdélégué de l'Intendant, les syndics et conseillers décident d'envoyer à Belley Marianne Burion Guilliet, pour apprendre le métier d'accoucheuse chez Mme Ducoudray, moyennant 12 sols de rétribution chaque jour à cette dame.

Marchands et boutiquiers

ANS la liste des professions et métiers de la ville de Saint-Rambert, les marchands et boutiquiers occupent une place importante.

Nous relevons dans les archives, pendant les 17ᵉ et 18ᵉ siècles, seule période qui nous occupe, les noms de Barachin, Amblard, Brunod Falavier, Philibert Pressieu, Jean Chappuis, Joseph Jarrin, Pierre Augerd, Raymond Ailloud. C'étaient des marchands au détail, qui s'approvisionnaient à Lyon et revendaient aux habitants de Saint-Rambert. Les villages, dépourvus de boutiques à cette époque, venaient acheter à la ville. Les magasins des grands centres n'avaient pas établi encore des succursales jusque dans les moindres chefs-lieux ; ils ne faisaient pas, comme aujourd'hui, la chasse au client, jusque dans les hameaux les plus reculés, avec leur armée de courtiers et de commis voyageurs ; les syndicats agricoles et les coopératives ouvrières, avec leurs dépôts installés un peu partout, n'existaient pas. Le commerce local dans les villes du Bugey était prospère.

Les marchands de Saint-Rambert arrivaient, pour la plupart, à acquérir, sinon la fortune, du moins une honnête aisance ; ils étaient d'ailleurs bien considérés et appelés souvent à exercer des fonctions importantes dans l'administration locale.

Mais, si les marchands n'avaient pas alors à lutter contre la concurrence qui écrase aujourd'hui le petit commerce, ils avaient déjà fort à faire pour se défendre contre les exigences du fisc. La machine à compression a été perfectionnée depuis; mais elle fonctionnait déjà sous l'ancien régime. De temps en temps, la corporation recevait des papiers, rédigés en bonne et due forme, où, après une énumération solennelle de toutes les autorités ayant le droit d'imposer les taxes ou chargées de les percevoir, on indiquait la somme qu'elle aurait à verser, somme variable, qui augmentait d'une année à l'autre avec la détresse du trésor public.

En 1725, le chiffre fut exorbitant. En exécution de la déclaration du roi du 1ᵉʳ juillet 1725, de la part du sieur François de Tronchay, receveur à Belley, commis par le Directeur et receveur général en Bourgogne et Bresse, et par M. Jean Armand, chargé par sa Majesté du recouvrement des taxes, Bertrand, sergent royal, signifie à Rémond Ailloud que les marchands de la ville de Saint-Rambert sont taxés à une somme de six mille livres, pour être maintenus et confirmés dans leur droit de faire trafic et commerce.

La contribution demandée était véritablement excessive. Rémond Ailloud, qui en avait reçu signification, sans doute en raison de l'importance plus grande de son commerce, se mit en devoir d'en informer ses collègues, Philibert Pressieu, Jean Chappuis, Joseph Jarrin, Pierre Augerd. Ils convinrent qu'il était urgent de protester devant le Maire de St-Rambert, Jean-Baptiste Reverdy, avocat au parlement, aux fins de se pourvoir près de M. l'Intendant, pour être déchargés de la taxe.

Ils objectent, avec raison, qu'il n'y a pas de maitrise en la ville de Saint-Rambert, qui leur assure des privilèges et des garanties dans l'exercice de leur profession. Répondant ensuite à l'exagération fiscale par une autre exagération, ils disent qu'ils ne font pas pour 200 livres de négoce par an, qu'ils achètent à Lyon pour revendre à St-Rambert des objets de première nécessité et de peu d'importance : clous, pots de terre, poivre pilé et autres petites marchandises. Si on vendait tout le fonds de leur boutique, on ne ferait pas la somme de mille livres ; si on les oblige à payer la taxe, ils préfèrent abandonner leurs maisons et leur négoce et aller ailleurs.

Le sieur Ailloud et ses collègues déclarent au sieur de Tronchay qu'ils s'opposent à l'exécution du rôle, pour en demander incessamment la modération jusqu'à une somme de cent livres qu'ils offrent de répartir entre eux, s'il en est ainsi ordonné. Plus la taxe s'enflait, plus les marchands se faisaient petits ; chacun agissait suivant ses intérêts. Sans doute aussi pour la même raison, Jean-Baptiste Reverdy dut appuyer la supplique de ses subordonnés.

Entre l'exigence de 6000 livres et l'offre de 100 livres, l'écart est tel qu'il nous montre sur le vif les défauts du système fiscal de l'époque, dans l'établissement des patentes. C'est le besoin du moment et non la statistique, qui fixait le taux de la contribution ; à la taxation arbitraire le marchand opposait une évaluation également arbitraire de son commerce et de ses bénéfices ; il ne se croyait pas tenu d'être sincère ; l'essentiel pour lui, c'était d'échapper aux exigences injustes de la taxe.

Nous aurions une petite idée du commerce local de Saint-Rambert, en l'année 1725, si nous nous en tenions aux termes de la supplique des marchands. Il faut chercher ailleurs la vérité. Plusieurs passages relevés dans les archives locales vont nous renseigner à cet égard, en nous montrant que, dans les boutiques des marchands, il y avait autre chose que des clous, des pots de terre et du poivre pilé.

Philibert Pressieu fournit, en Juin 1733, de la poudre pour les réjouissances, 13 livres, pour le prix de 18 l. 4 sols ; plus six aunes de taffetas pour un drapeau, au prix de 21 livres.

Mlle Pressieu avait, vers la même époque, fourni des tentures pour l'ornementation de l'église. Ce fut même le sujet d'une délibération de l'Assemblée communale qui, sur les instances du docteur Grumet, syndic, réclama les tentures de Mlle Pressieu, dont le curé se servait pour ses chambres. Depuis que le curé Bruiset avait, le 12 Juin 1741, refusé d'aller à la rencontre des religieux qui, suivant la coutume, apportaient processionnellement les reliques de St-Rambert dans l'église, pour célébrer les premières vêpres de la fête, les syndics n'avaient pas sujet d'être tolérants à son égard. La délibération du 30 Juillet 1741 comportait plusieurs articles assez durs à son endroit ; celui des tentures de Mlle Pressieu était le plus anodin. Nous aurons peut-être sujet d'y revenir.

Continuons à donner une idée du commerce des marchands de Saint-Rambert, par les notes ou inventaires des Archives. La municipalité de Saint-Rambert avait coutume, d'après un usage très édifiant dont nous ne connaissons pas l'origine, d'acheter, chaque année, quatre paires de gants fins pour les bourgeois qui avaient l'honneur de porter le dais, pour la Fête-Dieu et son octave. Cet honneur était réservé aux notables de St-Rambert : M. Reverdy de Montbérard, Reverdy d'Argentière, M. de Malix, l'avocat Bistac, l'avocat Grumet, M. de la Pérouse, M. de la Tour, etc...

Or, chaque fois, la tradition était scrupuleusement observée ; le syndic achetait chez les marchands de la ville quatre paires de gants fins pour les porteurs de dais. Les sieurs Faure, marchands de St-Rambert, nous ont laissé les notes de cette fourniture pour 1743, 1749, 1750, 1752, 1753. Elles se ressemblent toutes. Nous ne reproduirons que celle de 1743. Le 13 Juin 1743, les frères Faure, marchands, fournissent au syndic, savoir :

2 paires de gants fins, pour Messieurs Reverdy,   2 fr.

1 paire, pour M. de Malix....................   1 fr.

1 paire, pour M. l'avocat Bistac............'....   1 fr.

4 fr.

Cet usage touchant et fort édifiant nous donne une idée des marchandises que l'on trouvait dans les boutiques de St-Rambert.

Enfin, nous avons trouvé, dans les mêmes archives, un document qui nous renseigne exactement, sur le contenu d'une boutique de l'époque.

C'est un inventaire, fait par devant notaire, par Joseph Ailliod. Sa boutique était située au-dessous de l'hôtel de Nemours, à l'emplacement de l'ancienne pharmacie Vernier.

Le 15 Décembre 1717, le sieur Joseph Aillod fait son testament, devant Mᵉ Griot, notaire ; en suite de ce testament, il dresse l'inventaire des biens meubles et immeubles qui lui appartiennent... Quant aux effets qui sont dans la boutique, il déclare avoir premièrement :

60 aulnes toile Cambrai, plus six aunes autre toile Cambrai, deux aulnes et demie de toile Cambrai, quinze aulnes de toile façon mousseline, six aulnes même toile plus grosse, 5 aulnes et demi même toile, trois aulnes même, neuf aulnes mousseline, deux mouchoirs, six paires de bas à trois fils, dix paires à 2 fils, six paires bas de femme à 15 sols pièce, quatre paires bas d'hommes de filoselle, en tout valant huit livres dix sols ; huit bonnets pour hommes, laine grossière ; neuf paires de gants pour hommes, dix autres paires de gants de femme, dix paires de gants fins pour hommes, demi livre de séné valant dix sols, huit aulnes de crêpe, quinze aulnes de taffetas, cinquante aulnes (*ici passage détérioré*)... de toile batiste, trente pièces de dentelle fine et grossière, dix paires de ciseaux, quatre couteaux, une douzaine de petits mouchoirs mousseline laval, une grosse de lacets, une grosse de boutons blancs, quatre livres de plomb, le tout valant trente livres ; plus des clous, chandelle, huile et poivre qui sont

toujours dans sa boutique. Et une paire de peaux de chèvres, le tout valant trente livres.

Cet inventaire prouve que la condition des marchands et boutiquiers n'était pas aussi précaire qu'on aurait pu le croire, en prenant à la lettre les termes de la supplique ci-dessus rapportée. Nous voyons d'ailleurs les familles de marchands arriver à la bourgeoisie, et, concurremment avec les avocats et les médecins, occuper les premières charges de la ville.

Sans parler des Barachin et des Amblard, qui ne laissent pas de descendance, nous avons les Chappuis, les Pressieu, les Augerd, etc., dont les noms figurent avec honneur dans les archives du 18ᵉ siècle.

Pierre Pressieu est notaire en 1691; Henri Pressieu, sergent royal en 1717, et, le 30 Septembre 1752, les sieurs Pressieu, père et fils, sont nommés, par Joly de Fleury, intendant de Sa Majesté, commis au Bureau et à la Marque des toiles de Saint-Rambert.

Pierre Augerd, marchand, un des signataires de la supplique contre la taxe de 6.000 livres, est nommé syndic de la ville en 1757 et lieutenant de la milice bourgeoise. Cette famille, qui existe encore aujourd'hui, a fourni des hommes remarquabjes.

Victor Augerd, né en 1757, fut avocat et plus tard juge de paix dans sa ville natale. Il était en outre botaniste distingué. Après ses études de droit, il avait suivi, pendant trois ans, à Paris, les savantes leçons du célèbre de Jussieu. Il partagea son temps entre ses fonctions et l'étude de la Botanique et se lia avec MM. Du Marché et Dujat, ses compatriotes, également botanistes. Augerd fit plusieurs voyages dans les Alpes; il collabora à la Flore de l'Europe, publia un *Mémoire sur l'étude de la Botanique,* et réunit dans un herbier, dont il a fait hommage à la Société d'Emulation de l'Ain, près de 5000 plantes, parmi lesquelles se trouve la flore du Bugey.

Nous trouvons encore un Pierre Augerd avocat à Saint-Rambert, conseiller de la ville en 1771.

Les limites, que nous nous sommes imposées dans cette étude, ne nous permettent pas de faire l'histoire de toutes ces familles. Il nous suffit de constater que la profession de marchand était à même, aux 17ᵉ et 18ᵉ siècles, de procurer une honnête aisance et les charges administratives les plus honorables.

Marchands toiliers et tissiers

Il existait, à Saint-Rambert, une autre catégorie de marchands et d'industriels, qu'on appelait les toiliers et les tissiers, parce qu'ils s'occupaient de la fabrication et de la vente de la toile.

Qui ne se rappelle avoir vu, dans nos campagnes, le tisserand villageois, profitant de la belle saison et des jours ensoleillés pour cultiver sa vigne, ou son petit lopin de terre, occupé ensuite, pendant les journées pluvieuses et froides, au rez-de-chaussée de sa mansarde, à faire courir la navette de bois sur le métier familial?

La terre fournissait les choses les plus nécessaires au ménage; le métier donnait un peu d'argent, l'un complétant l'autre, tout juste assez pour attacher l'homme à son coin de terre et à la maison de famille. C'était presque l'idéal; cet homme tranquille, d'ambition modeste, nous ne l'avons jamais vu travailler dans le sombre réduit de sa demeure, sans éprouver une sincère émotion.

A quelle époque l'industrie du tissage de la toile s'était-elle établie à Saint-Rambert ?

Nous ne le savons pas, Toujours est-il que, dès le 17e siècle, elle était en pleine prospérité, et les marchands toiliers et tissiers constituaient une importante corporation. Ils formaient, au point de vue religieux, la Confrérie de la Conception de Notre-Dame, érigée en la chapelle de la Ste Vierge. Le Recteur était choisi parmi les membres les plus influents de la corporation; il était chargé de l'entretien et du service des fondations et anniversaires religieux dans la Chapelle.

A la fin du 17e siècle, les marchands toiliers et tissiers éprouvèrent le besoin d'avoir une Chapelle, qui fut complètement à eux. Ils s'entendirent avec une autre Confrérie, sur laquelle nous ne possédons pas de détails, la Confrérie du Saint-Esprit, pour construire, sur le côté nord de l'église, deux Chapelles, qui forment aujourd'hui la chapelle de Saint Rambert, ainsi nommée depuis qu'on y a transporté les reliques du saint patron, pour y être l'objet de la vénération des fidèles.

Voici la copie des deux actes qui se rapportent à cette construction :

« Le 20 Janvier 1668, furent présents en leur personne François Bonnier, bourgeois de Saint-Rambert, comme recteur de la

Confrérie du Saint-Esprit, establie audit lieu, assisté d'honnête Denis Berthet et des principaux et autres de ladite Confrérie, dont la plupart ont ci-après signé, lesquels ont donné, à prix faict, à Nicolas Vernier et à Claude son fils, maîtres maçons d'Izinave, et à Jean Gabit, aussi maître maçon de Malix..... Et ce pour construire, en voute de murailles, une chapelle qui demeure dès à présent dédiée pour ladite Confrérie, proche la Chapelle Sainte Anne, du matin, et autre la Chapelle de la Conception Notre-Dame, qui appartiendra aux marchands toiliers et tissiers dudit Saint-Rambert, du côté du soir, et sera enfoncée sur le cimetière de l'église paroissiale, du côté de bize, jusqu'à onze pieds de profondeur, compris l'arcade de l'entrée, qui sera faite à pierres de taille et voutée de pierres de taille en croisées. Sera l'autel placé du côté de la muraille de ladite chapelle Ste-Anne.

« La fenêtre sera du coté dudit cimetière, de quatre pieds et demi de hauteur et de trois et demi de large, et sera ronde ladite fenêtre.....

« Finalement, ladite chapelle sera séparée d'avec celle de la Conception par une arcade de pierres de taille. Le reste du vide de la séparation sera fermé, ainsi que le devant des chapelles, par une balustrade en bois de noyer, élevée aux frais des deux Confréries.»

L'acte concernant spécialement la chapelle de la Conception de Notre-Dame est ainsi conçu :

« Le 20 Janvier 1668, furent présents en leur personne Pierre Rochon, Recteur de la Chapelle et Confrérie de la Conception Notre-Dame des marchands toiliers et tissiers dudit Saint-Rambert, assisté d'honnête Antoine Baron et des principaux et autres de la même société, lesquels ont donné ce prix faict à Nicolas Vernier et à Claude son fils, maîtres maçons d'Izinave, et à Jean Grabit, aussi maçon de Malix, présents et acceptant, pour construire à neuf la Chapelle de la dite Confrérie Notre-Dame, en l'église paroissiale dudit Saint-Rambert, qui joindra la Chapelle du Saint-Esprit du matin. Les dites murailles de la Chapelle Notre-Dame feront la clôture de l'église, du côté du soir. Elle sera enfoncée sur le cimetière et d'égale distance et séparation avec celle du Saint-Esprit et de même fabrique tant arcades qu'autre travail, sauf que l'autel sera placé du côté du cimetière, qui est du côté de bize, et la fenêtre de même façon sera placée du côté du soir, visant sur le ruisseau du Brevon, pour même somme de 350 livres ».

La Chapelle des marchands toiliers et tissiers existe encore sous le nom actuel de Chapelle de Saint-Rambert ; la clôture qui, vers l'arcade du milieu, la séparait de la Chapelle du St-Esprit a été enlevée. L'autel a disparu également et la fenêtre qui s'ouvrait au soir sur le Brevon s'ouvre maintenant au Nord, du côté de l'ancien cimetière.

On faisait à St-Rambert non seulement de la toile ordinaire, mais des nappes et des serviettes.

Marque des toiles pour l'année 1753.

Jusqu'en 1738, la fabrication n'était soumise à aucune dimension réglementaire. C'était un inconvénient au point de vue commercial. Ce défaut d'uniformité nuisait aux transactions et rendait plus faciles les contrefaçons, qui devaient être d'autant plus nombreuses que la réputation de la fabrique de Saint-Rambert s'était répandue au loin. Cette question fut soumise à l'examen des fabricants et marchands intéressés, le 26 Juillet 1737, par le sieur Boutillier Charles, inspecteur des manufactures de toile en Dauphiné, Bresse et Bugey, Valromey et Gex. L'assemblée se composait des principaux marchands et tisserands de la localité et des environs. Il leur représenta que, pour le bien de leur commerce, il était nécessaire de fixer la largeur des toiles, nappes et serviettes. Tous convinrent unanimement du bien fondé de cette observation. Le compte rendu n'indique pas la dimension choisie comme type ; mais il n'y a pas de doute qu'elle n'ait été fixée, séance tenante.

Un autre moyen de défier la concurrence et de protéger les produits de l'industrie locale, c'était la marque de fabrique, qui fut adoptée un peu plus tard. C'était une empreinte, en forme de cœur, avec, au centre, trois fleurs de lys, et sur le pourtour, en exergue, ces mots : Fabrique de Saint-Rambert, 1753.

Un an auparavant, en 1752, Jean François Joly de Fleury, intendant de sa Majesté, nomme les sieurs Pressieu, père et fils, commis au Bureau de la marque des toiles de Saint-Rambert.

Tous ces détails prouvent, à défaut de statistique, l'importance de la fabrication de la toile, des nappes et des serviettes, à Saint-Rambert.

Les seuls chiffres, qui puissent nous renseigner à ce sujet, datent de cinquante ans plus tard. Nous les empruntons à la *Statistique du département de l'Ain, 1808.*

La valeur totale en argent du produit des fabriques de toiles de Saint-Rambert est annuellement, dit le Rapport, de 1,048,600 fr. :

Dépense de chanvre : 294,320 francs ;
Salaire des ouvriers : 615,600 francs ;
Frais de voyage, négociations : 17,460 francs ;
Entretien des bâtiments, métiers : 15,000 francs ;
Profit net des fabricants et marchands : 80,000 francs.

Il est dit, dans la même *Statistique,* que le canton de Saint-Rambert exporte, chaque année, pour 600.000 francs de toile.

Ce chiffre d'exportation indique assez l'importance de l'industrie qui y florissait au 17ᵉ, au 18ᵉ siècle et au début du 19ᵉ siècle.

St-Rambert possédait non seulement des tissiers et marchands toiliers organisés et réputés, mais encore des fabricants de peignes à tisser. Les tisserands du Haut-Bugey venaient encore, il y a quarante ans, s'approvisionner de peignes à St-Rambert.

L'industrie du coton, qui s'établit en France vers la fin du 17ᵉ siècle, porta un coup mortel à l'industrie de la toile qui, après avoir végété dans le cours du 19ᵉ siècle, finit par s'éteindre complètement dans nos pays.

Claude Bibet, le dernier tisserand de Saint-Rambert, un descendant de ces tissiers, organisés en corporation, que nous avons vus construire une chapelle pour leur corporation, le dernier représentant de ces ouvriers habiles autant que modestes, qui portèrent au loin la réputation de la toile et du linge damassé de St-Rambert, est mort en 1907.

L'industrie de la toile fut heureusement remplacée dans le pays de Saint-Rambert par l'industrie de la Schappe, au cours du 19ᵉ siècle.

Les usines de Schappe de St-Rambert et de Tenay se sont développées d'une façon colossale dans ces dernières années. Elles occupent une nombreuse population ouvrière. La vallée de l'Albarine, où Lamartine n'avait entendu que le murmure de la rivière, auquel quelques moulins joignaient leur tic-tac et quelques usines le bruit de leurs marteaux, est devenue la plus active et la plus industrieuse du département de l'Ain.

Bouchers

St-Rambert ne possédait pas d'abattoir. Il faut arriver jusqu'à la fin du 18ᵉ siècle, pour trouver un essai d'organisation sur ce point. Le 17 germinal, an II, le conseil municipal propose de louer de gré à gré les halles de Lancelot et d'Isaac Bubatton, pour servir de boucherie. On y placera tout ce qui est nécessaire à cet effet : plots, rateliers, tours et poulies. Il établit des inspecteurs de boucherie, au nombre de trois, et il décida que l'on pèserait la viande, non pas avec des crochets, mais avec des balances, comme anciennement.

A l'époque dont nous parlons, aux 17ᵉ et 18ᵉ siècles, les « bouchiers », comme on les appelait, établissaient leurs tueries dans des remises situées sur la rue ou en arrière de leurs boutiques, sans se préoccuper de soustraire aux regards l'aspect répugnant de leurs assommoirs, dont la malpropreté d'ailleurs était un danger permanent pour la santé publique.

Malgré plusieurs ordonnances du conseil, ils venaient, en plein jour, sans aucun souci de l'hygiène, laver les tripes dans le canal du milieu de la ville, et les eaux en charriaient les excréments. Le conseil délibère de nouveau, le 20 Janvier 1671, fait défense aux bouchiers de jeter aucune immondice dans le ruisseau, depuis

Entrée de SAINT-RAMBERT, *d'après le dessin de St-Didier.*

l'aube du jour jusqu'à neuf heures du soir, à peine de cent sols d'amende pour la première fois.

Vis-à-vis des religieux de l'abbaye, auxquels ils devaient délivrer les langues des animaux qu'ils tuaient, les bouchers étaient dans la note de l'époque, en ne s'acquittant de leurs redevances qu'avec un zèle très intermittent. Le 24 avril 1690, Juvanon avait tué dans sa boucherie deux veaux et il avait omis de donner à l'infirmier de l'abbaye les deux langues, gosiers et corgnerons, qui faisaient partie de ses droits de prébende. Philibert de Pasturel, grand prieur et infirmier de l'abbaye, lui fit signifier par exploit de Pressieu, sergent royal, d'avoir à lui payer la valeur des deux langues de veaux. Joseph, fils du boucher Juvanon, alla trouver le notaire royal chargé des affaires de l'abbaye, Mᵉ Rosset, avant le jugement de l'instance faite par l'infirmier devant le Juge Mage de son Altesse royale, en ses terres du Bugey; il traita de gré à gré pour le prix des langues et gosiers qu'il n'avait pas délivrés, promettant à l'avenir de satisfaire à cette redevance pour tout le bétail qui serait tué dans sa boucherie.

Les bouchers ne se soumettaient guère mieux aux ordonnances de police. Il leur était défendu de mettre leurs viandes en évidence, pendant l'office divin ; les contrevenants pouvaient être condamnés à 50 livres d'amende. Or, malgré le chiffre élevé de l'amende, qui servait de sanction à ce règlement, Henry Chappuis et Jean Jarrin persistaient, après plusieurs avertissements, à mettre leur viande en évidence pendant la messe de paroisse.

Guichard, Conseiller du roi, maire de la ville de St-Rambert, dut se transporter, un certain dimanche d'avril 1706, dans la boucherie d'Henry Chappuis, flanqué du valet de ville, André Caluet, pour faire respecter l'ordonnance, dont les Chappuis se moquaient si copieusement.

La femme Chappuis reçut très mal les remontrances du maire Guichard ; elle le traita de « bel officier », lui dit qu'elle se moquait de ses ordonnances et que c'était la vengeance qui le faisait agir. Le maire fit confisquer par le valet de ville la viande étalée, pendant que la femme Chappuis faisait, par dérision, de multiples révérences au premier magistrat de la cité...

Mais cette insulte au maire dans l'exercice de ses fonctions ne devait pas demeurer impunie, et force devait rester à la loi. La viande fut confisquée chez le boucher Chappuis et chez son collègue Jean Jarrin Galland; ils furent condamnés à une amende de 50 livres, applicable à l'Hôtel-Dieu de Saint-Rambert. Il leur fut défendu, en outre, en vertu d'une précédente ordonnance, de délivrer la viande, à l'avenir, à aucun hôste ou cabaretier dudit lieu, avant que le public fut servi.

Enfin, le maire ordonna que la femme Chappuis serait prise et arrêtée au corps et, comme telle, traduite dans la conciergerie de St-Rambert, pour y tenir les prisons, jusqu'à ce qu'il ait plu à nos seigneurs du Parlement de l'en sortir. En attendant, le maire se pourvoira d'un commissaire pour informer des dérisions et moqueries dont il a été gratifié dans l'exercice de ses fonctions.

Chappuis et Galland devront se tenir fournis de viande et la distribuer, conformément à l'ordonnance, à moins qu'ils ne veuillent déclarer qu'ils quittent la profession de boucher, et, dans ce cas, pour que le public ne souffre pas, on se pourvoira d'autres bouchers à leur place.

L'affaire avait été menée rondement ; le soir de la même journée, après les Vêpres de la paroisse, le maire se transportait en la maison de ville avec Pierre Orset, syndic, et là, il distribuait à trente-cinq pauvres, qu'on avait appelés à la hâte, la viande confisquée le matin, du poids d'environ soixante livres. Jamais les pauvres hères ne s'étaient trouvés à pareille aubaine ; ils durent se charger, à défaut des quotidiens qui n'existaient pas, de publier les incidents de la journée et de les commenter dans un sens favorable au prestige des ordonnances et à l'autorité du maire.

Le bétail des boucheries était soumis à un droit d'inspection ; c'était même, avec le droit du demi-treizain sur le vin vendu à petites mesures, les seules matières imposables pouvant fournir des ressources à l'octroi de la ville.

En temps ordinaire, l'inspection n'avait rien de sévère et les syndics n'étaient pas trop exigeants sur l'âge et sur la qualité des bœufs, vaches, veaux, moutons et chèvres destinés à la boucherie.

Il en était autrement en cas d'épizootie. A la visite du maire et du syndic s'ajoutait, dans tous les cas douteux, le contrôle d'un homme de l'art, d'un « médecin des vaches », campagnard muni d'un certain nombre de recettes et d'une expérience qu'on ne trouvait pas dans les livres, homme généralement discret et connu à plusieurs lieues à la ronde, en qui le peuple avait plus de confiance que dans les vétérinaires les mieux patentés.

Le 28 Juillet 1714, Joseph et Louis Juvanon, père et fils, bouchiers de la ville de St-Rambert entrèrent une vache, pour être tuée et débitée aux habitants suivant la manière accoutumée. A ce moment-là, une maladie sévissait sur le bétail et le maire, Joseph Guichard, qui décidément avait conscience de sa responsabilité, avait fait défense verbale d'entrer aucun bétail, avant qu'il n'eut été visité et reconnu exempt de la maladie. Lesdits Juvanon avaient enfreint les règlements de police. Guichard, de concert avec François Bistac, aussi avocat à la cour, ordonna que la vache serait visitée par Joseph Ballet, grangier en la grange de la Brovière, rière le village de la Roche. Celui-ci reconnut la vache atteinte de la maladie ; le maire, qui était en même temps juge de police, ordonna que la vache serait emmenée hors de la ville, sans délai, sans préjudice des sanctions pénales à porter contre les bouchers qui n'avaient pas respecté les règlements.

Le procès fut instruit dans les formes. Ballet ne savait pas écrire. Il dut faire son rapport devant témoins : à savoir, le maire Guichard, Philibert Maréchal écuyer, seigneur de la Vavre, Falavier, marchand de la ville, et Orset secrétaire. Il dit qu'il est âgé d'environ quarante deux ans et n'être parent, allié, débiteur, créancier ni malveillant desdits Juvanon, père et fils. Dans la visite qu'il a faite de la vache, il lui a reconnu, auprès de l'origine de la langue, un petit creux, où le bout du petit doigt aurait pu entrer, lequel il croit être l'effet de la maladie qui court sur le bétail aujourd'hui. Il estime que la vache a été traitée par le vendeur, d'après le remède général donné au public, mais non guérie.

Tous les témoins, sauf le rapporteur Ballet qui était illettré, signèrent le procès-verbal, qui fut envoyé à Me Gaspard Bourdin, procureur du roi en la mairie, pour y donner ses conclusions. Celui-ci, après avoir pris connaissance de la procédure ci-devant faite par Mᵉ Guichard, n'estime pas que les dits Joseph et Louis Juvanon soient en faute ; car il était présent, lorsque le dit Joseph Juvanon donna avis à Joseph Bistac, avocat et syndic de cette ville, qu'il avait amené une vache en la boucherie, pour y être tuée et débitée aux habitants, au prix et à la manière accoutumés, mais qu'il ne la voulait point tuer qu'elle n'eut été vue et visitée de la part du syndic.

Le maire Guichard, juge de police, ayant égard au procès-verbal de Ballet, qui établit que la vache était. malade, lorsque les dits Joseph et Louis Juvanon en ont fait l'achat, qu'ils ont manqué à leur devoir et aux défenses qui leur avaient été faites, en entrant dans la ville et dans les boucheries d'icelle la dite vache atteinte de la maladie, qui court aujourd'hui sur le bétail, condamne solidairement les dits Juvanon à une amende de dix livres applicable à l'Hôtel-Dieu, et, après avoir pris l'avis de Mᵉ Pierre Cottin, écuyer, conseiller et secrétaire du roy, de Mᵉ François Bistac, avocat et syndic de la ville, et de Mᵉ Jean-Louis Trocut, aussi avocat, conseiller d'icelle, il fait, en outre, défense aux dits Juvanon père et fils de faire fonction de bouchers dans la ville de St-Rambert, ni dans la paroisse, pendant le temps d'une année. Il les condamne également à deux livres dix sols de frais envers Mᵉ Orset, secrétaire.

Ballet ne donne pas le nom de la maladie qui sévit sur le bétail ; c'est sans doute quelque mal dans le genre de la fièvre aphteuse. Il indique que le public emploie un remède généralement connu pour en prévenir les suites fâcheuses. C'est tout et c'est peu. Il vous semble peut-être que la science empirique du campaghard est en défaut. Détrompez-vous. Après deux siècles, nous ne sommes guère plus avancés sur la question de la fièvre aphteuse qui, depuis plusieurs années, sévit avec tant d'intensité sur le bétail de nos pays. Les procès-verbaux des vétérinaires et les arrêtés des préfets, au début du 20ᵉ siècle, ressemblent étrangement au rapport du grangier de la Brovière et aux ordonnances du maire Guichard.

Comme on vient de le voir, la charge de maire de St-Rambert n'était pas une sinécure ; elle entraînait avec elle des fonctions de tout genre et des responsabilités de toute sorte. Ce fait ressortira davantage encore dans les paragraphes qui vont suivre : passages des gouverneurs, des intendants ou autres représentants de l'autorité, feux de joie et réjouissances publiques à l'occasion des victoires, traités de paix ou naissances royales, services des étapes et quartiers d'hiver, sans compter les articles courants des finances, de la voirie, de la police des rues, de l'assistance aux mendiants et aux malades, etc...

Cependant, dans le cours d'une année, certaines fêtes religieuses ou civiles imposaient une trêve agréable aux soucis administratifs des maires et des syndics. Notables et officiers de ville se réunissaient alors dans des banquets où régnaient l'abondance et la cordialité. Les détails de ces agapes officielles sont d'un puissant intérêt pour qui veut être renseigné exactement sur les mœurs sociales et aussi sur la cuisine de l'époque.

Fêtes et banquets

« L'esprit de convivialité, dit Brillat-Savarin (*Physiologie du goût*, Méd. 27.), se répandit dans toutes les classes de la société, grâce aux richesses créées par l'industrie et répandues par le commerce ou acquises par les traitants ».

En Bugey, le terrain était des plus favorables pour le développement et l'épanouissement de cet « esprit de convivialité », qui convenait bien à l'appétit robuste et aux mœurs hospitalières de ses habitants. Dans ce pays, où la salle à manger est ouverte à tout venant et la table toujours mise, où, sous le moindre prétexte, la ménagère sacrifie joyeusement quelque rejeton de sa basse-cour, que le maître de céans aura soin d'arroser des meilleurs vins du crû pour faire les honneurs de sa maison, on comprend que l'art alimentaire devait tenir une place importante dans les relations sociales.

Nous pouvons nous en convaincre, en lisant, dans les comptes des syndics de la communauté de Saint-Rambert, les menus des repas offerts par la municipalité aux officiers de ville qui avaient assisté en corps aux processions de la Fête-Dieu, et aux avocats qui avaient eu l'insigne honneur de porter le dais. Nous l'avons déjà vu précédemment, mais il est bon de le répéter, les meilleures familles se disputaient l'honneur de porter le dais à la procession du Saint-Sacrement, et la municipalité consacrait cet

honneur en achetant une paire de gants à chacun des porteurs
et en les invitant au banquet donné par la ville à tous ses officiers, le jour de l'octave de la Fête-Dieu.

Le repas était abondant et varié; les traiteurs s'ingéniaient à
composer des mets en rapport avec la solennité de la fête et avec
la dignité des convives. Les archives nous ont conservé quelques-
uns de leurs menus; ce sont des pièces à conviction, éloquentes
dans leur genre, dégageant encore, à travers le papier jauni, les
parfums du terroir. Nous donnerons, dans leur ordre et dans leur
simplicité naïve, les notes des hôteliers, persuadé que, trop souvent, la littérature qui veut commenter nuit à l'histoire et enlève
au document sa saveur native.

La série commence en 1724. Le repas fut donné chez Mme Jarrin. La note de l'hôtesse porte :

1 Agneau	2 livres
1 Longe de veau	1 l.
6 Pigeons *patoux*	3 l. 12 sols
4 Poulets	2 l.
1 Tourte	1 l. 10 sols
1 Rouelle farcie	1 l.
1 Plat pois verts	10 sols
1 Fricassée de poulets	1 l. 5 sols
Dessert	1 l. 10 sols
Pain	0 l. 15 sols
Vin	1 l. 10 sols
Total :	16 l. 12 sols

Mme Jarrin ne détaille pas le dessert; elle n'indique pas le nombre de bouteilles de vin.

En 1725, elle est encore chargée du repas de l'octave de la
Fête-Dieu. Sa note porte :

10 Poulets	4 livres
1 Longe de veau	1 l. 5 sols
1 Agneau	1 l. 5 s.
1 Tourte	1 l. 10 s.
1 Fricassée de poulets	1 l. 5 s.
1 Rouelle farcie	1 l.

2 Salades .... o l. 8 s.
Dessert, fruit .... 1 l. 2 s.
Vin et pain .... 1 l. 16 s.

Total : 13 l. 11 s.

Outre le repas officiel de la Fête-Dieu, qui arrivait à périodes fixes et se trouvait régulièrement établi, la municipalité se trouvait quelquefois obligée par les circonstances de faire les honneurs d'un banquet à l'occasion de quelque événement de marque.

C'est ce qui arriva en 1725.

Messieurs les Maires et Syndics reçurent une lettre de M. de Choin, les invitant à faire chanter un *Te Deum* en actions de grâces pour la célébration du mariage du roi avec la princesse Marie et à faire toutes les cérémonies usitées en pareille occasion. Le *Te Deum* fut chanté à l'abbaye et les invités, au nombre d'une vingtaine environ, se rendirent, au sortir de la cérémonie, à l'hôtel tenu par Louis Buynand. Les convives étaient le maire, le syndic, les conseillers et les principaux habitants de la ville.

La note détaillée de Buynand n'a pas été conservée ; nous n'avons que la copie du mandat qui lui fut délivré et qui se montait à la somme de 31 livres.

En 1726, nouveau *Te Deum* chanté pour le rétablissement de la santé du roi. Messieurs de la ville y assistèrent en habit et se rendirent à l'Hôtel Jarrin. Mme Jarrin, hôtelière, leur servit :

1 Eclanche de mouton............ 1 l.
2 Dindons .... 3 l.
1 Douzaine de cailles .... 3 l. 15 s.
1 Douzaine de poulets .... 3 l. 15 s.
2 Tourtes .... 3 l.
1 Fricassée de poulets .... 1 l.
2 Ragouts de veau .... 1 l. 10 s.
2 Douzaines de noix confites .... 1 l. 10 s.
2 Tasses de gelée de framboise...... 1 l.
2 Tasses d'abricots .... 1 l. 5 s.
2 Plats d'oublies avec crême fouettée. 2 l.
1 Livre biscuits .... 1 l. 5 s.

Fruit	1 l.	5 s.
3 Salades		12 s.
Pain	1 l.	5 s.
Vin	4 l.	
Total :	**31 l.**	**2 sols**

L'hôtesse s'était distinguée et, cette fois, son dessert était nombreux et assorti. Les noix confites, entre autres, étaient, paraît-il, une véritable friandise. Brillat-Savarin arrivant un jour dans une auberge de Mont-Sous-Vaudrey n'aperçut sur le potager qu'une éclanche de mouton, pour laquelle il fallait des dents d'acier. Ici, il n'aurait pas éprouvé d'inquiétude.

Les tourtes, mentionnées dans le menu, n'étaient autres que des pâtés chauds encore aujourd'hui préparés à St-Rambert, comme à Belley.

La même année, le repas de l'octave de la Fête-Dieu se donna chez Philippe Bibet. Les convives étaient moins nombreux que pour les repas du Te Deum et le menu était moins compliqué :

Douze pots de vin	2 l.	8 s.
Pain	0 l.	10 s.
1 Longe de veau	1 l.	
9 Poulets	2 l.	14 s.
4 Pigeons en ragouts	1 l.	
1 Tourte de viande	1 l.	15 s.
1 Rouelle	0 l.	10 s.
1 Ragout de pieds de cochon	1 l.	10 s.
2 Salades	0 l.	10 s.
Pour le dessert :		
Bugnes	0 l.	10 s.
Une tourte	1 l.	10 s.
Biscuits	0 l.	15 s.
2 Plats de framboises	0 l.	12 s.
1 Tome et une recuite	0 l.	8 s.
Cerises	0 l.	2 s.
Total :	**15 l.**	**14 s.**

La tourte maigre qui figure au dessert de l'hôtelier Bibet était une tourte en pâte feuilletée, avec des brugnons ou prunes, ou de la crême que l'on appelait frangipane. Les recuites étaient des fromages de crême de brebis qui, disent les anciens, étaient excellents.

Le menu de l'octave de la Fête-Dieu de 1728 ne diffère pas beaucoup du précédent, si ce n'est par la présence d'un levreau, d'une fricassée d'artichauts et d'une tourte à la crême. Le traiteur n'est pas nommé.

Arrivons à 1733 et 1734. Philippe Bibel sert à Messieurs de Ville un menu qui ne varie guère d'une année à l'autre.

Donnons seulement le menu de 1734 :

25 Bouteilles de vin	5 livres
Pain	1 l.
1 Longe de veau	1 l. 10 s.
2 Tourtes grasses	3 l. 10 s.
2 autres	1 l. 10 s.
1 Agneau	2 l.
3 Plats de marinade..........	2 l.
3 Salades	0 l. 15 s.
Poulets et Pigeons	5 l. 14 s.
Dessert :	
2 Tourtes maigres	2 l. 10 s.
2 Plats d'oublies avec crême fouettée	2 l.
2 Plats de framboise	0 l. 10 s.
2 Tomes avec deux recuites...	0 l. 15 s.
Total :	28 l. 14 s.

La guerre de la succession de Pologne commençait en 1733. Le 17 Janvier, un Te Deum fut ordonné avec feu de joie et réjouissance publique pour la prospérité des armes du roi ; suivant la coutume, un repas fut offert par la ville aux Messieurs qui avaient assisté en habit à la cérémonie religieuse.

Dans ces circonstances extraordinaires, le menu de Bibet ne faisait que croître et embellir. Qu'on en juge :

75 bouteilles de vin	19 l. 15 s.
15 livres de pain	3 l.
2 Agneaux	6 l.
4 tourtes grasses	6 l.
2 longes de veau	3 l.

2 poitrines de veau	1 l.	10 s.
2 rouelles de veau	1 l.	
2 levreaux	4 l.	
4 salades de celeri	1 l.	
4 Chapons	10 l.	
2 Douzaines d'alouettes	4 l.	
1 Demi-douzaine de grives	1 l.	4 s.
1 Canard	1 l.	5 s.
1 Oie	2 l.	
3 Bécasses	6 l.	
Oreilles de cochon	0 l.	15 s.
4 Salades : 2 de capucines et 2 de scarolles	1 l.	4 s.
2 Sauces douces avec quatre oranges.	1 l.	4 s.
2 Plats de cardons	0 l.	12 s.

Le dessert était à la hauteur du service.

4 tourtes maigres	5 l.	
2 plats d'oublies	2 l.	
1 crême fouettée	1 l.	
4 assiettes de pommes en compote....	1 l.	
4 assiettes de poires cuites	0 l.	15 s.
4 assiettes de chataignes	0 l.	15 s.
4 assiettes biscuits et massepains.....	1 l.	12 s.

La note se termine par une addition que l'on ne trouve pas dans les comptes précédents :

2 soupes au fromage	1 l.	10 s.
2 assiettes de biscuits avec massepains	0 l.	16 s.
2 plats que l'on a cassés...........	0 l.	6 s.
11 verres qu'on a cassés...........	0 l.	16 s.
4 livres de chandelle...............	1 l.	1 s.
	90 l.	

Ce petit codicille ajouté à la note du repas indique assez que les convives, en partie du moins, étaient retournés à l'hôtel à l'occasion du feu de joie qui avait lieu de 8 h. à 10 heures du soir, et avaient mangé la soupe au fromage à la lueur des chandelles. Il y eut dans la journée des plats et des verres cassés ; on vida force bouteilles ; nous ne pouvons établir un rapport

entre ces faits... Le traiteur, discret comme tous ceux de son espèce, sut se faire payer sans trahir ses clients.

En 1743, le repas de l'octave de la Fête-Dieu, sans s'écarter
de la note générale, mérite d'être signalé à cause de la mention
des plats maigres et de certaines nouveautés dans le dessert.

```
40 Bouteilles de vin  . . . . . . . . . . . . .    14 l.
   Pain  . . . . . . . . . . . . . . . . . . . .     1 l.  10 s.
 1 Demi longe de veau  . . . . . . . . . . .    0 l.  12 s.
 2 membres de mouton et les porpie (1)    4 l.
 3 Fricassées de poulets  . . . . . . . . . .    3 l.
 3 Tourtes grasses  . . . . . . . . . . . . . .    4 l.  10 s.
25 Poulets  . . . . . . . . . . . . . . . . . .    8 l.  15 s.
 2 Chapons au ragout  . . . . . . . . . . . .    2 l.
 4 Plats de pois  . . . . . . . . . . . . . . .    2 l.
 4 Plats d'artichauts  . . . . . . . . . . . .    2 l.
 4 Salades  . . . . . . . . . . . . . . . . . .    1 l.
   Dessert :
 4 Tourtes maigres  . . . . . . . . . . . . .    5 l.
 2 Plats d'oublies avec crême fouettée.    3 l.
 4 Tomes et 4 recuites  . . . . . . . . . . .    1 l.   5 s.
 6 Plats de fraises  . . . . . . . . . . . . . .    1 l.  16 s.
   Biscuits et anis  . . . . . . . . . . . . . .    2 l.
 5 Bols ou Folles d'eau clairette. . . . . .    3 l.
                                                  ___________
                                                  59 l. 8 sols
```

L'eau clairette, que nous voyons ici mentionnée, était une
liqueur faite avec de l'eau-de-vie et du sucre. Les dragées d'anis
figurent aussi pour la première fois dans le dessert. A cette époque, la ville de Verdun était renommée pour ses dragées d'anis.

En 1748, une compagnie de dragons du régiment de Languedoc était en quartier dans la ville de Saint-Rambert ; les dragons
assistèrent en armes à la procession de la Fête-Dieu ; les officiers
de la Compagnie furent invités au repas de la ville servi par
Georges Bichat.

Dans les pièces justificatives du compte syndical, nous trouvons
la liste des Messieurs de la ville invités au repas : M. Bourdin le

(1) Mot dont on ignore le sens.

jugé, M. l'avocat Bourdin, M. Maréchal, M. Reverdy de Montbé-
rard, M. le Chevalier, M. l'avocat Trocu, M. de Malix, M. de
Grangeneuve, M. de la Tour, M. Bistac le père, M. l'avocat
Bistac, M. Juvanon, M. Répy, M. Grillier, M. Augerd, un autre
Augerd, M. Pressieu, M. Augerd le Cavalier, M. Falavier, M. le
Maire, M. le Syndic, le Secrétaire. En tout 22 convives, sans
compter les officiers des dragons du Languedoc.

On fit deux tables et le service se composait pour chaque table
de la façon suivante :

Service :

1 Longe de veau marinée...........	2 l.	
1 Tourte	3 l.	
1 Fricassée de poulets	2 l.	10 s.
2 Rouelles	1 l.	4 s.
1 Agneau	2 l.	
1 Levreau	1 l.	16 s.
2 Plats de pois	1 l.	10 s.
2 Plats d'artichauts	3 l.	
8 Poulets rotis	4 l.	16 s.
1 Gigot de mouton	1 l.	4 s.
2 Assiettes de salé	1 l.	4 s.
1 Plat d'écrevisses	1 l.	
2 Salades	0 l.	12 s.

Dessert :

2 Tourtes	4 l.	
1 Plat de bugnes	3 l.	
2 Assiettes biscuits et massepains....	1 l.	4 s.
2 Plats de fraises	1 l.	4 s.
2 Recuites	0 l.	10 s.
2 Tomes	0 l.	12 s.
1 Plat de cerises	0 l.	10 s.

Total pour chaque table : 36 l. 16 s.

Il faut ajouter 18 livres pour le vin, 1 l. 14 s. pour le pain.

Enfin, il fut délivré aux dragons du Régiment de Languedoc,
cent pots de vin, en deux fois, à 4 s. 6 d. le pot, soit 22 l. 10 s.

La dépense du banquet s'éleva au chiffre de 120 l. 19 s.

Le menu de 1748 est le premier qui porte des écrevisses, du salé et qui se serve du mot *gigot de mouton*.

La note du 15 Juin 1749, pour le repas de l'Octave de la Fête-Dieu est de Philippe Bibet ; elle n'offre rien de particulier que nous n'ayons déjà vu dans les menus dudit hôtelier, sauf que les anis du dessert sont associés à des pralines. Celle de 1750 est plus abondante. Nous la donnons ci-dessous :

28 Bouteilles de vin................	8 l. 8 s.
Pain	2 l. 10 s.
1 Agneau	3 l.
2 Membres de moutons	3 l.
2 Tourtes grasses	6 l.
2 Fricassées de poulets	3 l.
2 Levreaux	3 l.
Poulets et pigeons	10 l. 10 s.
4 Salades	1 l. 4 s.
4 Salades asperges	2 l.
2 Plats pois	3 l.

Dessert :

2 Tourtes maigres	5 l.
2 Plats d'oublies	2 l.
Anis, pralines et biscuits	5 l. 10 s.
2 Plats fraises et cerises..........	2 l.
2 Assiettes de pommes en compote...	0 l. 12 s.
Tomes et recuites	1 l. 4 s.
Total :	61 l. 18 s.

En 1751, c'est Georges Bichat qui est chargé du repas de la Fête-Dieu. Sa note manque d'ordre. Nous la donnerons telle quelle.

16 Poulets et pigeons, à raison de 8 s. pièce	6 l. 8 s.
2 Tourtes de pigeons	6 l.
2 Rouelles hachées avec des boulettes......	3 l.
2 Gigues de mouton	2 l.
1 Longe de veau	1 l. 4 s.
1 Levreau	1 l. 10 s.
Biscuit et massepains.................	2 l. 8 s.

2 Livres de dragées fines .... 2 l. 8 s.
1 Quarteron de dragées .... 0 l. 6 s.
4 Salades .... 0 l. 16 s.
7 Livres, artichauts, asperges et pois qu'il a
   fait venir de Lyon .... 7 l. 15 s.
   Pour l'accomodage des artichauts, asperges
   et pois .... 1 l. 10 s.
2 Bassins de bugnes .... 3 l.
4 Tourtes, 2 de brugniolles et 2 de crême.. 8 l.
8 Recuites et 8 tomes..................... 1 l. 12 s.
  Pain .... 1 l. 2 s.
42 Bouteilles de vin, à raison de cinq sols la
   bouteille .... 10 l. 10 s.
  Ecrevisses .... 1 l. 10 s.

Total : 60 l. 19 s.

Les deux notes qui nous restent encore sont celles de 1752 et de 1753, de Philippe Bibet, la première très ordinaire, la seconde un peu mieux fournie.

A cause de certains termes qui n'ont pas paru encore, nous les donnerons toutes les deux, pour terminer et compléter cette documentation :

Note de 1752

34 Bouteilles vin .... 12 l. 5 s.
   Pain .... 2 l.
   Deux membres de mouton .... 3 l. 10 s.
   Deux tourtes grasses .... 5 l.
1 Longe de veau en marinade .... 1 l. 10 s.
1 Fricassée de poulets .... —
1 Agneau .... 2 l.
12 Poulets et 12 pigeons .... 12 l.
8 Salades, 4 d'asperges .... 2 l.
2 Plats de pois .... 1 l. 10 s.
2 Plats de marinade .... 1 l. 10 s.
   Artichauts .... 2 l.
   Ecrevisses .... 1 l.

   Dessert :
3 Tourtes maigres .... 6 l.

Oublies et crême fouettée .... 3 l.
Noix confites .... 4 l. 16 s.
Biscuits .... 1 l. 16 s.
Anis pralines et biscotins .... 3 l. 16 s.
Tomes et recuites .... 1 l. 14 s.

Total : 69 l. 16 s.

Note de 1753

25 Bouteilles de vin .... 5 l.
   Pain .... 1 l. 10 s.
2 Tourtes grasses .... 5 l.
2 Chapons en ragout .... 2 l.
2 Canards en ragout .... 1 l. 10 s.
1 Plat de pois .... 1 l.
1 Membre de mouton et 1 épaule..... 3 l.
2 Canards rotis .... 1 l. 10 s.
   Poulets et pigeons .... 8 l. 16 s.
4 Salades .... 1 l.
1 Plat de marinade .... 1 l. 16 s.
2 Plats d'artichauts frits .... 1 l. 10 s.
   Ecrevisses .... 0 l. 15 s.

   Dessert :

2 Tourtes maigres .... 3 l.
   Oublies et crême fouettée .... 3 l.
   Noix confites .... 5 l.
   Biscuits, biscotins pralines et anis.. 5 l.
   Fraises, cerises, tomes et recuites.. 2 l. 10 s.
1 Bouteille de liqueur .... 5 l.

Total : 57 l. 17 s.

Les traiteurs de St-Rambert n'avaient pas, comme ceux des grandes villes, imaginé de décorer de noms pompeux des sauces plus ou moins équivoques, afin de faire chanter par la presse la réputation de leurs hôtels et de satisfaire la vanité des hôtes de marque qui daignaient manger de leur cuisine. La note de 1753 se contente d'indiquer des chapons en ragout et des canards en ragout.

On voit apparaître au dessert une bouteille de liqueur ; c'est la première fois que ce terme est employé ; déjà, en 1743, on avait servi, sous le nom d'eau clairette, un mélange d'eau-de-vie et de sucre. Brillat-Savarin dit que l'eau-de-vie commence à se répandre dans le 17e siècle. Cependant, elle ne parait dans les banquets de Saint-Rambert qu'au milieu du 18e siècle.

Vers 1740, dit l'auteur de la *Physiologie du goût*, d'après des informations prises dans plusieurs départements, un dîner de dix personnes se composait comme il suit :

1er Service { le bouilli / un hors d'œuvre. / une entrée de veau cuit dans son jus

2e Service { un dindon / un plat de légumes / une salade / une crême (quelquefois).

Dessert { du fromage / du fruit / un pot de confitures.

Ce menu de Brillat-Savarin, avec ses deux services et son dessert, a presque un air de carême, lorsqu'on le compare aux dévastations culinaires, consignées dans les comptes syndicaux de la ville de Saint-Rambert. Les traiteurs de ce pays s'ingéniaient non seulement à satisfaire les vastes appétits de leurs clients bugistes, mais ils cherchaient aussi, par la variété des plats et l'abondance du dessert à mériter les éloges des bourgeois invités à ces agapes officielles.

Nous ne voudrions pas médire de l'esprit de convivialité ; il fait encore le fond de notre tempérament bugiste et constitue une de nos bonnes qualités ; mais cet esprit, si développé au 18e siècle, avait fini par engendrer des abus. Dans ces banquets officiels, le peuple n'avait aucune part.

Nous l'avons vu par la liste de 1748 ; le fait est d'autant plus étrange que ces banquets avaient lieu aux frais de la communauté. Si les archives avaient pu nous transmettre les réflexions des gens du peuple, se tenant sur le pas de leurs portes au moment des défilés et des banquets, nous entendrions certainement des plaintes fort expressives et des remarques très pittoresques.

Enfin, on n'aurait pas dû laisser libre cours à la fantaisie des hôteliers. Lorsque leur imagination se mettait en frais, c'était au détriment des finances de la commune, conséquence regrettable, lorsqu'on songe à la situation précaire où elles se trouvaient, réduites à la ressource du demi-treizain et de l'inspection des boucheries, à une époque de disette, de guerres et de famines, de passages de troupes et de dépenses de tout genre. Saint-Rambert avait de la peine à entretenir son collège ; le soin des malades et des pauvres y était très réduit et les œuvres d'assistance étaient encore rudimentaires. Nous le verrons d'ailleurs dans les Chapitres qui vont suivre.

Après 1753, la série des menus est close et les archives sont muettes désormais sur les banquets officiels.

Passage des intendants

E passage des intendants se rendant à Belley ou à Gex, pour l'établissement de la taille, était un événement de première importance pour la cité.

Il s'agissait, avant tout, de se concilier les faveurs de celui qui tenait en main les clefs de l'impôt, et pouvait, suivant qu'il était bien ou mal disposé, diminuer ou augmenter la quote part des contributions demandées à la ville de St-Rambert. Si M. l'Intendant était bien disposé, il lui était facile de trouver des prétextes pour alléger le chiffre de l'impôt. Une grêle, une inondation, des passages de troupes ayant pris dans la ville leurs quartiers d'hiver, sans compter les fléaux extraordinaires des épidémies ou famines, qui sévissaient périodiquement, pouvaient fournir des motifs sérieux d'indulgence au représentant de l'autorité, lorsqu'il avait reçu à son passage les honneurs dus à sa noble personne et à ses importantes fonctions.

D'ailleurs, il était nécessaire de faire des demandes de réduction ; les impositions augmentaient toujours ; de 1686 à 1715, les chiffres de la paroisse s'étaient accrus de 430 livres à l'ordinaire et à l'extraordinaire en proportion.

Aussi, les magistrats, les syndics s'ingéniaient pour faire à M. l'Intendant des réceptions véritablement princières, si l'on en juge par les vins d'honneur offerts en la circonstance. Si Madame l'Intendante faisait partie du cortège, ce qui arrivait quelquefois, la municipalité avait la délicatesse de faire venir de loin des friandises à son intention ; il était important de se concilier ses faveurs. Enfin, on pensait aussi aux élus de la province et on avait pour eux des attentions particulières, lorsqu'ils se rendaient à Bourg pour se concerter avec M. l'Intendant pour la répartition de la taille.

Le 3 octobre 1667, les sieurs Cottin et Brun, syndics, annoncent au Conseil de la communauté que les élus de la province sont convoqués à Bourg, pour établir les rôles de la taille à exiger l'année prochaine ; ils doivent coucher, le soir même, à St-Rambert.

Il importe, disent-ils, de leur rendre les civilités qui leur sont dues et de leur recommander l'intérêt de la communauté. On délibère et on convient que les syndics, accompagnés des principaux habitants, iront voir les Sieurs Elus, pour leur confier les intérêts de la ville.

La conclusion est très bugiste. Il est spécifié, qu'on leur fera porter les bouteilles accoutumées en pareille rencontre, de la part de la ville, et qu'on payera leurs frais de bouche dans leur logis. Comme on le voit, la Ligue contre l'impôt était fort bien ordonnée, mais elle ne ressemblait guère à une Ligue antialcoolique.

Après la réunion de Bourg, ou d'une autre ville choisie par M. l'Intendant, la taille était établie au titre de *taille ordinaire, subsistance et quartiers d'hiver.*

Messieurs les Elus envoyaient des billets énonçant la quotepart des particuliers. Ces billets étaient lus au prône paroissial. Chacun en avait ainsi connaissance et cette proclamation publique offrait plus de garantie de justice que notre système actuel, notamment en ce qui concerne la fixation de la cote mobilière, où le contrôleur et les répartiteurs établissent, en réunion privée et quelquefois au petit bonheur des opinions politiques, le chiffre de chaque particulier.

La proclamation publique avait le grand avantage de prévenir les injustices et de couper court aux faveurs, qui auraient pu se glisser facilement dans les évaluations des Elus, avec le mode d'établissement de l'impôt alors en usage.

Au prône de la messe du 1er Février 1671, on avait écouté attentivement, comme toujours, la lecture des billets. On s'aperçut, que le sieur Jean-Baptiste Augerd, un des plus puissants de la ville, s'était fait décharger de la somme de 5 livres pour la taille ordinaire et pour l'extraordinaire en proportion, au très grand préjudice du général de la Communauté.

Comment était-il parvenu à se fairé décharger de cette somme ? Les mauvaises langues affirmaient qu'il s'était entendu secrètement avec les syndics et, sans doute, il avait eu avec les Elus, à leur passage, un entretien plein d'amabilité.

Le Conseil de Ville se réunit le même jour et décida que, la diminution de la taxe du sieur Augerd étant sans cause légitime, il ne serait déchargé par les péréquateurs que de la moitié de la somme de cinq livres, et, comme il fallait tout prévoir, on résolut, dans le cas où les péréquateurs se verraient intenter un procès, pour avoir suivi et exécuté la délibération du Conseil, qu'on prendrait en main le procès et qu'on se pourvoirait devant l'Intendant.

On pourra penser ce qu'on voudra du système de l'impôt sous l'ancienne monarchie ; mais, au point de vue de l'Autonomie Communale, n'est-il pas beau de voir un Conseil de Ville et des péréquateurs entrer en action pour une modique somme de 5 livres, qui est mal répartie par le pouvoir central.

Il était important aussi pour la ville d'établir le service des étapes, autre contribution qui pesait quelquefois très lourdement sur la communauté.

C'est ainsi que, le 7 août 1672, Jacques Pressieu, syndic, est chargé de se transporter dans la ville de Bourg, lorsque Mgr l'Intendant y sera, tant pour lui rendre les très humbles devoirs de la ville que pour lui remettre les procès verbaux, dressés pour la fourniture des étapes aux troupes qui passeront dans la ville. C'était encore l'Intendant qui était chargé de fixer définitivement, d'après les tableaux dressés par le Conseil de Ville, les logements des soldats, les corps de garde et tout ce qui devait être fourni par les particuliers et par la communauté. On comprend sans peine que les autorités de Saint-Rambert fussent très empressées, lorsqu'il s'agissait de faire plaisir à ceux qui devaient fixer les charges de la province et les répartir suivant les communautés.

Le 5 septembre 1673, un sieur Barbotte prévint, par lettre particulière, le sieur Buynand, le priant d'avertir les syndics que nos Seigneurs le duc de Noailles et l'Intendant Boucher sont arrivés à Bourg, pour les affaires de sa Majesté et de ce pays. Le comte de Montrevel, chargé de les recevoir, désirerait avoir du gibier, et ce serait lui faire faveur que d'en chasser et d'en envoyer, si l'on en peut prendre. Après en avoir délibéré, le Conseil charge le syndic de faire chasser incessamment.

Entre les démarches polies, quelquefois généreuses et toujours intéressées, on présentait des requêtes à M. l'Intendant, pour demander la diminution des tailles.

Les motifs de celle de 1706 sont clairs. Il n'y a pas d'endroit dans toute la province qui soit plus foulé que le lieu de St-Rambert par le passage des troupes de Sa Majesté, qui est en guerre avec son Altesse royale de Savoie ; les troupes passent et logent à Saint-Rambert, soit en allant, soit en revenant de la Savoie et du Piémont, particulièrement cette année que le siège est devant Turin. Il a fallu réparer les chemins pour le passage des troupes. Plusieurs cotes rayées par Mgr l'Intendant, après la répartition, notamment celles de J. Baptiste Reverdy et de Philippe Buynand, avocat, sont restées à la charge de la communauté. De plus, la communauté de St-Germain-les-Paroisses, à la suite d'une grêle arrivée il y a environ quatre ans, s'est fait décharger de la somme de deux cents livres, qui, au lieu d'être réparties sur toute la province, ont été rejetées sur St-Rambert et Lagnieu. Saint-Rambert, faute d'avoir réclamé à Mgr l'Intendant, est toujours grevé de cette somme, qui ne devait être exigée que pour une année.

Pour porter cette requête et rendre les devoirs de la ville à Mgr l'Intendant, on députe à Bourg M. Rosset, notaire royal, au lieu et place du maire et du syndic indisposés.

Toutes les raisons de ces requêtes, qui se ressemblent sinon pour le fond, du moins pour la forme, étaient de nature à faire impression sur l'esprit de Mgr l'Intendant et des répartiteurs ; mais on y joignait, à l'occasion, d'autres arguments destinés à ajouter les raisons de sentiment et à provoquer la solution favorable.

En 1697, le Conseil fut avisé, que Mgr l'Intendant devait passer à Saint-Rambert, avec Madame l'Intendante et toute sa suite, pour aller faire une tournée dans le pays de Gex, par ordre de la Cour.

Jamais occasion plus belle de saluer l'autorité et de se la rendre favorable. Immédiatement, on envoya à Lyon le valet du sieur Baron, avocat, avec son mulet, pour aller, chez le sieur Arthaud, marchand, chercher des vins étrangers, dignes d'être présentés à Mgr l'Intendant et à sa suite, lors de son passage. On dépêcha, d'autre part, au sieur Demaillé, de Nantua, l'ordre de faire venir quelques confitures de Genève, pour présenter pareillement à Mme l'Intendante. Conséquemment, le sieur Arthaud remit au valet du sieur Baron soixante-huit pots de vin de l'Hermitage et 41 de celui de Côte rotie, en 2 caisses, dans des bouteilles d'osier, contre la somme de 108 livres 13 sols. La dépense pour les confitures de Genève se monta à la somme de 32 livres 10 sols.

Etant donné le chiffre des bouteilles et la dépense des confitures, il faut supposer que la suite était nombreuse ou que les notables de Saint-Rambert avaient amené aussi les dames, pour faire des honneurs convenables à Mme l'Intendante. Toutefois, les reliefs furent encore suffisants pour offrir un second vin d'honneur à Mgr l'Intendant et à sa suite, à son retour du pays de Gex.

Sans doute, Monseigneur dut conserver bon souvenir de l'excellente et généreuse hospitalité de la ville de St-Rambert, et, à la première réunion des Elus répartiteurs de la taille, écouter favorablement les requêtes de la Communauté.

Pourtant, dans ces réceptions solennelles, préparées avec tant de générosité, on ne pourrait pas, sans injustice, invoquer uniquement le mobile de l'intérêt. Il y avait, au fond, l'idée du respect qui était dû au représentant le plus direct de l'autorité royale.

La monarchie avait su inspirer par ses lois, par ses institutions et par des coutumes soigneusement conservées, le respect de l'autorité divine d'abord et ensuite celui de l'autorité humaine. On ne saurait la blamer d'avoir entretenu avec soin le prestige de l'autorité, d'avoir compris cette nécessité sociale et d'en avoir assuré les avantages à tous ses sujets, jusque dans les provinces les plus reculées et les plus éloignées de la capitale.

Le 27 Décembre 1740, une nouvelle occasion se présente à la municipalité de rendre ses hommages à Mgr l'Intendant, qui se rendait à Belley.

Par une délibération du 28 août précédent, le Conseil avait chargé M. le Maire de lui faire présenter à son passage le vin d'honneur. M. le Maire pria M. Bruiset, curé de la ville, qui se rendait à Lyon, d'y acheter 75 bouteilles du meilleur vin qu'il pourrait trouver. M. Bruiset acheta en effet 34 bouteilles de vin de Bourgogne, à 40 sols la bouteille, 31 bouteilles de vin de la Côte rotie à 25 sols, et 10 bouteilles de vin muscat à 40 sols. La dépense totale s'élevait à la somme de 128 livres 10 sols. Le syndic envoya un valet avec un cheval de bât, pour apporter le vin, et versa, de ce chef, au sieur Falavier, qui avait fourni le cheval et le valet, la valeur de 12 livres.

A son passage, l'Intendant dut être flatté, après avoir entendu le compliment du sieur Maire, de trouver sur la table de l'Hôtel de Ville, les vins les plus renommés de France, et il dut se dire à lui-même qu'on faisait royalement les honneurs dans la petite ville de St-Rambert.

Lettres du Roi — Feux de joie — Réjouissances

Un gouvernement qui comprend son devoir, doit enseigner et entretenir le patriotisme. Nous allons voir comment la monarchie s'acquittait de cette importante fonction.

Quelques affiches éparses, malheureusement incomplètes, nous permettent de reconstituer un peu la vie civique et nationale à cette époque. On s'imagine trop, que les populations étaient laissées dans l'ignorance des faits qui intéressaient la France, et que, loin de la capitale, le peuple des petites villes et des campagnes ne prenait aucune part à la vie nationale. C'est une erreur.

Tous les événements heureux, victoires, prises de villes fortes ou de simples citadelles, traités de paix, étaient communiqués à la population par lettres patentes du Roi, publiées au son du tambour, sur la place publique.

Non seulement le Roi écrivait aux Archevêques et Evêques du Royaume de faire chanter le *Te Deum* dans toutes les églises de leurs diocèses ; il mandait, par l'intermédiaire des Gouverneurs de province, l'ordre aux Officiers de Justice et Magistrats des villes et places d'assister au *Te Deum* célébré dans l'église principale, de faire allumer des feux de joie et tirer le canon, afin qu'il ne manquât rien de ce qui était accoutumé dans les réjouissances publiques. Il ne craignait pas d'entrer dans les détails, qui pouvaient exalter la bravoure des soldats, la vaillance et les talents militaires des généraux.

Quelques-unes de ces lettres sont de véritables ordres du jour, où l'on sent vibrer le sentiment national, surtout lorsqu'on le dégage des formules un peu personnelles que le Roi avait coutume d'employer et qui nous choqueraient aujourd'hui, « *mes armes* », « *mes ennemis* », formules que les souverains modernes emploient encore quelquefois, sans y attacher le sens que Louis XIV leur avait donné, en disant : « l'Etat c'est moi ».

Les victoires des troupes françaises donnaient lieu ainsi à des fêtes vraiment nationales, qui constituaient une excellente leçon pratique de patriotisme et entretenaient l'esprit militaire. On ne peut pas nier que les armées de la Révolution n'aient largement profité de cette éducation et ne lui aient dû une partie de leurs succès.

Ces fêtes, à la fois religieuses et civiles, revenaient souvent, surtout en temps de sièges et de guerres. Dans la seule période de 1705 à 1707, la ville de St-Rambert reçut communication de cinq lettres du Roi, ordonnant des *Te Deum,* suivis de réjouissances publiques et feux de joie.

Nous les citerons, avec quelques autres, pour montrer l'intérêt historique et la portée morale des faits et des recommandations qu'elles renferment.

La Ligue d'Augsbourg, en 1686, et la grande Coalition, dont les bases furent définitivement adoptées à Venise (1687), avaient armé l'Europe contre Louis XIV. Le roi de France tourna d'abord ses forces contre l'Espagne et la Savoie. Luxembourg battit le prince de Waldeck à la bataille de Fleurus (1er Juillet 1690), et mit le siège devant Mons, sous les yeux mêmes de Louis XIV. Cette ville se rendit en avril 1691, et, le 20 Mai de la même année, le tambour de la ville annonçait cette nouvelle aux habitants de St-Rambert, donnant lecture de la lettre du Roi à Son Altesse Sérenissime, Monseigneur le Prince, au sujet du *Te Deum* pour la prise de la ville de Mons.

« Mon cousin,

« Comme j'ai cru qu'il était important au bien de mon Estat, pour prévenir les desseins de mes ennemis assemblés, de faire quelque entreprise considérable, je me suis rendu devant la ville de Mons, pour former le siège de cette capitale du Hainault, et, quoiqu'il y eut près de sept mille hommes de garnison et qu'elle fut très bien fortifiée, tant par les ouvrages qu'on y avait construits que par les marais et les eaux dont elle est environnée, néanmoins, en quinze jours de tranchée ouverte, sans avoir perdu que très peu de soldats et à la vue du prince d'Orange, qui n'en était éloigné que de sept lieues avec un fort grand corps de troupes, elle a été réduite à mon obéissance et, d'autant qu'un succès si avantageux ne doit être attribué qu'à la bonté divine, qui daigne bénir la justice de mes armes.

Je me trouve obligé de lui rendre et faire rendre les grâces qui lui sont dues ; et, à cet effet j'écris aux Archevesques et Evesques de mon Royaume de faire chanter le *Te Deum* dans toutes les Eglises de leurs diocèses ; je vous fais cette lettre pour vous dire d'ordonner, tant aux Officiers de Justice qu'aux Magistrats des villes et places de votre Gouvernement, de se trouver à celui qui sera célébré dans l'église principale, même de faire faire des Feux de Joie et tirer le canon, ainsi qu'il est accoutumé, en sorte qu'il ne manque rien pour marque de réjouissance. Sur ce, je prie Dieu qu'il vous ait, mon cher Cousin, en sa sainte et digne garde ».

Ecrit à Versailles, le 17 avril 1691. Signé : Louis, et plus bas : Phélipeaux.

Le jour même de la publication de cette lettre, il y eut *Te Deum* à l'abbaye et feu de joie en ville.

Vint ensuite la guerre de la Succession d'Espagne et la Troisième Coalition.

Les grands hommes de la génération précédente n'étaient plus; néanmoins Boufflers dans les Pays-Bas, Villars en Allemagne sauvaient l'honneur de la France ; Vendome remportait en Italie, sur le prince Eugène, des victoires importantes, pendant que le duc de la Feuillade dirigeait le siège de Turin. Malheureusement, le duc de Vendôme fut rappelé dans les Flandres, et Marsin, le vaincu d'Hochstedt, qui l'avait remplacé, perdit l'Italie ; le prince Eugène et le duc de Savoie envahirent la Provence.

Les lettres de Louis XIV, que possèdent les Archives de St-Rambert, sont relatives à la période des succès en Italie ; la dernière a trait à la paix d'Utrecht. Elles sont toutes adressées à Son Altesse Sérénissime, Monseigneur le Prince, gouverneur de la Bourgogne, et destinées à être publiées dans toute l'étendue de son gouvernement.

Du 26 Avril 1705. Prise de Nice et de plusieurs forts du Piémont.

Mon cousin,

« Les soins que le Duc de Savoie avait pris pour la Conservation de Verrüe, qui, par sa situation et ses fortifications, pouvait d'elle-même être regardée comme imprenable, auraient rendu cette conquête absolument impossible, si la valeur de mes troupes animées par la fermeté et le zèle de mon cousin, le duc de Vendôme, n'avait surmonté, malgré les rigueurs de l'hiver, les obstacles qui se sont trouvés dans un siège si difficile. Cette place vient donc d'être soumise à mon obéissance, et le Commandant, après une défense longue et obstinée, s'est vu forcé d'implorer ma clémence pour la garnison et pour lui, en se rendant à discrétion. J'apprends, presque en même temps, que le Duc de la Feuillade, après avoir pris la ville et le château de Villefranche, les forts de St-Hospice et de Mont-Alban, a contraint la garnison de Nice à m'abandonner cette ville, dont je lui avais ordonné de faire le siège, pour ôter également au duc de Savoie les moyens de recevoir des secours par mer et par terre. Comme je désire qu'il soit rendu grâces à Dieu de tous ces avantages, etc... ».

La fin de la lettre indique qu'il est demandé un *Te Deum* aux Archevesques et Evesques ; aux Officiers de Justice et Magistrats il est recommandé d'y assister, faire des feux de joie et tirer le canon.

Ecrit à Marly, le 26e jour d'avril, 1705. Signé « Louis » et plus bas « Phélipeaux ».

Du 26 août 1705. Victoire de Cassano.

Mon cousin,

« La victoire que je viens de remporter, en Lombardie, sur mes ennemis, est si considérable que je ne puis en rendre à Dieu de trop vives actions de grâces. Elle a été si complète que, sans entrer dans un long détail, il me suffit de vous dire que le prince Eugène, ayant attaqué l'arrière garde de mon armée dans la marche qu'elle faisait pour se rendre à Rivolte, mon cousin, le duc de Vendôme, a su si bien profiter de l'occasion qu'il lui a présentée, qu'après avoir soutenu avec courage ses premiers efforts, il a obligé les ennemis à leur tour de songer à se défendre.

Le combat, qui a duré cinq heures, avec opiniatreté, n'a fini que par la défaite d'une grande partie de leur infanterie. L'on compte sept mille hommes des leurs tués sur place. plusieurs officiers généraux, dix-huit cent prisonniers et une infinité de blessés remportés par leur cavalerie. Si la valeur de mes officiers et soldats, animés par l'exemple de leur Général, qui s'est porté dans le plus grand feu avec une intrépidité surprenante, a contribué à la gloire de cette journée, je dois toujours, en remontant à la source, reconnaître en ces occasions la puissante main de Dieu, qui dispose à son gré du sort de la victoire, et le prier de continuer à répandre ses Bénédictions sur la justice de mes armes, pour voir bientôt succéder la Paix aux maux inévitables de la guerre... C'est pourquoi... etc... »

La fin est comme dans la lettre précédente et la lettre est aussi datée de Marly.

13 Janvier 1706.

Louis XIV écrit une Lettre pour la prise de la citadelle de Nice. Nice avait été rasée ; mais il restait la citadelle qui fut assiégée dans les premiers jours de Décembre 1705, par le duc de Berwick, et prise le 4 Janvier 1706. Montmélian, bloqué depuis plus d'un an, venait de se rendre également. Le roi ordonne un *Te Deum* et des réjouissances publiques. La lettre est datée de Versailles.

3 Mai 1706. Victoire de Calcinato.

Mon cousin,

« Les premiers soins de mon cousin, le duc de Vendôme, en rejoignant mon armée d'Italie, ont été d'exécuter les projets que j'avais concertés avec lui ; les bons ordres qu'il a donnés ont eu tant de succès, que celle de l'Empereur, campée le 19 du mois dernier entre Calcinato et Montechiaro, n'a pu, malgré l'avantage des postes qu'il occupait, résister à la valeur de mes troupes ; elles ont surmonté avec ardeur tous les obstacles qu'un pays aussi impraticable leur présen-

tait, et cette journée, qui a fait voir à mes ennemis ce que peut la
bravoure des officiers, la bonne volonté des soldats et l'intrépidité
d'un sage Général, leur coûte plus de trois mille hommes tués sur
place sans les blessés, un pareil nombre de prisonniers, dix pièces
de canon. vingt-quatre drapeaux, douze étendards et plus de mille
chevaux. Je n'ai cependant eu, en cette occasion, quoiqu'elle ait duré
un temps considérable, qu'environ cinq cents hommes hors de combat. Une si heureuse ouverture de campagne. qui flatte mes espérances de la protection de Dieu, m'engage de lui en faire rendre
grâces dans tout mon royaume. C'est pourquoi... etc... ».

La fin comme précédemment ; la lettre est datée de Versailles.

18 Janvier 1707.

Louis XIV demande un *Te Deum* et des réjouissances, pour
rendre grâces à Dieu de la naissance du duc de Bretagne.

La lettre est datée de Versailles.

Au bas de la copie de cette lettre publiée par le tambour de
ville, le maire Guichard a ajouté cette note :

« En exécution des ordres cy-dessus, il est ordonné à tous les habitants de la ville de Saint-Rambert, de se tenir prêts pour assister
au feu de joie qui se fera dimanche prochain. Sur les trois heures
après midy, de se trouver sous les armes au devant de la maison de
Mᵉ Pierre Baron, capitaine major de la dite ville, pour y recevoir
les ordres qui leur seront par lui donnés, à peine de dix livres d'a-
mende contre chacun des désobéissants.

GUICHARD, *maire.*

15 Juin 1713.

Le sieur Perrin, remplaçant momentanément le secrétaire de
ville, accompagné du tambour de ville, donne lecture de l'affiche
suivante aux habitants de la ville de Saint-Rambert :

« De par le Roi,

« On fait scavoir à tous qu'il appartiendra, qu'une bonne, ferme,
stable et solide paix, avec une amitié et réconciliation entière et sin-
cère. a été faite et accordée entre Très haut, Très Excellent et Très
Puissant prince, Louis, par la grâce de Dieu Roy de France et de
Navarre, notre Souverain Seigneur, Très Haute, Très Excellente et
Très Puissante Princesse Anne, reine de la Grande Bretagne, Très
Haut, Très Excellent et Très Puissant Prince, le roi de Portugal, Très
Haut, Très Excellent et Très Puissant Prince Frédéric Guillaume,
Roy de Prusse, Très Haut, Très Excellent et Très Puissant Prince

Victor Amédée Duc de Savoie et les Seigneurs Etats généraux des Provinces Unies des Pays-Bas, leurs vassaux, sujets serviteurs en tous leurs Royaumes, Pays, Terres et Seigneuries de leur obéissance; que la dite paix est générale entre eux et leurs dits vassaux et sujets et qu'au moyen d'icelle il leur est permis d'aller venir, retourner et séjourner en tous les lieux des dits Royaumes, Etats et Pays négocier et faire commerce de marchandises, entretenir, correspondre et avoir communication, les uns avec les autres et en toute liberté franchise et sûreté, tant par Terre que par Mer et sur les Rivières et autres Eaux, etc., etc...

Et, afin que personne n'en puisse prétendre cause d'ignorance, ordonne Sa Majesté que la Présente sera lue publiée et affichée partout où besoin sera.

Fait à Marly, le 17 Mai 1713.

Signé, LOUIS.

De Marly, le 31° jour de May 1713.

Au sujet de la paix d'Utrecht annoncée dans l'affiche précédente, Louis XIV avait écrit une lettre, pour demander un *Te Deum* d'actions de grâces et réjouissances publiques. Cette lettre ne fut publiée que le 24 Juin, à St-Rambert.

« Mon Petit-Fils,

« Il a plû à Dieu d'exaucer les prières que je n'ai point cessé de lui faire pendant le cours d'une longue et sanglante guerre et d'accorder enfin la paix si nécessaire au bien de la chrétienté. La divine Providence a disposé la plus grande partie des Princes avec qui j'étais en guerre, à rétablir avec moi une parfaite intelligence dont j'espère que les suites seront également heureuses à mon Royaume et à toute l'Europe, et comme les traités de paix ont été signés à Utrecht, le onze et douze du mois dernier, par mes ambassadeurs plénipotentiaires, avec ceux de la Reine de la Grande Bretagne, du Roy de Portugal, du Roy de Prusse, du Duc de Savoie et des Etats Généraux des Provinces Unies, mon intention est que tous mes sujets s'unissent avec moi, pour rendre à Dieu de vives actions de grâces d'un bien aussi grand que celui de la Paix qu'il n'appartient qu'à lui seul de donner aux hommes. C'est pourquoi... ».

La lettre se termine comme les précédentes.

« En conséquence, les maires et syndics de la ville de Saint-Rambert, en exécution de la lettre d'attache ci-devant, ont ordonné aux habitants de la ville de s'assembler et de se mettre sous les armes dimanche prochain, vingt-cinquième jour du présent mois, pour assister au feu de joie qui se fera le même jour en réjouissance de la Paix qu'il a plu au Roi de donner à ses sujets, leur enjoignant d'obéir aux peines y portées, et sur ce que ci-devant les habitants, en pareil cas, se sont assemblés au devant de la maison de Mᵉ Pierre Baron, avocat en Parlement, nommé par la Communauté à ce sujet pour Capitaine, lequel ne pouvant plus en remplir les fonctions à cause de son âge avancé, les dits sieurs maires et syndics, du consentement du dit Mᵉ Baron, ont prié le sieur Jean-Louis Trocu de vouloir dans ladite assemblée remplir la place dudit Mᵉ Baron et, à cet effet, les dits habitants sont invités de s'assembler au devant de la maison de Mᵉ Jean Louis Trocu, à la manière accoutumée.

Fait à St-Rambert, le 23 Juin 1713. GUICHARD, *maire.*

Il nous reste à dire quelques mots de la milice bourgeoise, qui joue un si grand rôle dans les réjouissances publiques, et à donner quelques explications sur les feux de joie.

Les milices bourgeoises étaient composées des bourgeois et des artisans de la ville, en état de porter les armes. On les convoquait pour toutes les circonstances exceptionnelles, soit pour les réceptions des gouverneurs, soit à l'occasion des réjouissances nationales ordonnées par la cour, pour la naissance d'un prince, pour le rétablissement de la santé du roi, pour faits de guerre heureux et traités de paix, comme nous venons de le voir dans les lettres citées plus haut.

Tous les hommes valides, depuis l'âge de cinquante ans jusqu'à celui de dix-huit inclusivement, devaient se réunir, à l'heure indiquée, devant la maison du Capitaine de la bourgeoisie, armés d'un bon fusil et d'une épée, pour y entendre les ordres conformes à l'ordonnance de la fête et recevoir de la poudre, pour faire les salves ordonnées par le Capitaine.

En ce temps d'autonomie communale, les maires et les syndics choisissaient, du moins à St-Rambert, les chefs de la milice, savoir, un capitaine major, un lieutenant, un enseigne et un aide-major. Il est vrai que la communauté avait, moyennant finances, acheté la charge de Capitaine major, avec la faculté de nommer à cette charge ou de la vendre.

En 1697, l'Assemblée délibère, et, après avoir recueilli les voix, nomme l'avocat Baron, l'ainé, capitaine major, Jacques Buynand lieutenant, Jacques Pressieu enseigne, et Nicolas Respy aide-major. En 1713, Baron, vu son âge, démissionna et fut remplacé par l'avocat Jean-Louis Trocu, auquel succéda, en 1724, le sieur Joseph François Bistac, également avocat au Parlement. Le fils Bistac succéda à son père en 1750.

Les milices bourgeoises devaient se trouver au rendez-vous, à peine de 5 livres d'amende ou de dix livres d'amende pour chaque contrevenant, le chiffre variant avec les convocations, sans doute d'après l'importance que l'on attachait à la présence de tous les miliciens à la cérémonie.

Pour les réjouissances à l'occasion du traité d'Utrecht, les syndics remirent au secrétaire de ville une somme, pour acheter des fusées et remettre de la poudre aux habitants qui n'avaient pas de quoi en acheter... Il en fut de même en 1724, pour la réception de M. de Suduyrand, seigneur des Allymes, gouverneur de Saint-Rambert.

La revue de la milice devant la maison du Capitaine major avait lieu dans la matinée, après la messe paroissiale, ou sur le coup de midi.

Puis, à l'heure indiquée, s'il s'agissait de la réception du gouverneur, les maires et syndics se mettaient à la tête de la bourgeoisie en armes pour aller complimenter le gouverneur en son Hôtel, ou à la porte de la ville, et, de là, le conduire en maison de ville, où il devait présenter ses provisions et lettres d'attache, pour être examinées et enregistrées.

Après cela, les maires et syndics présentaient au gouverneur un repas, auquel ils invitaient les principaux habitants de la ville. A travers ce cérémonial un certain nombre de salves devaient être tirées par la milice bourgeoise, avec la poudre fournie par la municipalité.

S'il s'agissait d'une réjouissance par ordre du roi, avec feux de joie, la milice bourgeoise, passée en revue dans la matinée ou vers midi, devant la maison du Capitaine, devait se trouver sous les armes à trois heures du soir pour être conduite par son capitaine sur la place du Faubourg, où avait lieu le feu de joie, tirer des fusées et faire des salves en signe de réjouissance.

Comment était approvisionné le feu de joie ? En 1672, il y eut deux *Te Deum* et feux de joie, l'un pour les conquêtes de Sa Majesté en Hollande, l'autre pour la naissance du duc d'Anjou.

Il fut décidé que les villages de la paroisse y contribueraient pour un certain nombre de fagots, suivant une répartition faite par les Syndics et marquée sur des billets remis à chacun des habitants des villages. Suivant l'ordre de réquisition, ils devaient rendre, à leurs frais, le dimanche, au devant de l'église paroissiale, les fagots demandés, à l'heure de neuf du matin, sous peine d'une amende pour avoir désobéi aux ordres de sa Majesté. On convint qu'il en serait ainsi désormais pour tous les feux de joie. La charge ne pesait plus uniquement sur les bourgeois et artisans de St-Rambert : et c'était justice, car les feux de joie se multipliaient d'une façon qui aurait pu devenir onéreuse.

En 1673, il y eut *Te Deum* et feu de joie, suivant les intentions de Sa Majesté, pour célébrer ses nouvelles conquêtes et la prise de la ville de Maestricht en Brabant. Nous avons vu précédemment combien les feux de joie furent multipliés pendant les dernières années du règne de Louis XIV jusqu'à la paix d'Utrecht.

Lorsque les fagots de bois réquisitionnés avaient été amenés sur la place, il fallait encore batir le feu de joie. Ce travail était réservé aux marguilliers qui touchaient, de ce fait, sur les deniers communaux, la somme d'une livre et 4 sols.

Sous le règne de Louis XV et de Louis XVI, cette cérémonie à la fois religieuse et civile des *Te Deum* et des feux de joie perdit de la solennité officielle qu'elle avait eue sous Louis XIV. La milice bourgeoise manquait de zèle et en fait, avait cessé de fonctionner. Lorsqu'il fallut, en 1756, établir des gardes bourgeoises pour surveiller les bandes armées que Henri Charles du Saulx, comte de Tavannes, lieutenant général des armées du roi, avait signalées au maire de St-Rambert, en lui enjoignant d'établir un poste de jour et de nuit, le maire dut former la milice bourgeoise, dresser un état des habitants sujets à la garde, faire apporter tous les fusils à l'Hôtel-de-Ville, nommer des officiers et constituer les postes en établissant un tableau des sergents et des fusiliers, au nombre de cinq, qui devaient, à tour de rôle, prendre la garde à la barrière, près de la maison Maréchal.

Néanmoins, les autorités de la province faisaient de louables efforts pour donner du lustre aux réjouissances officielles.

Sous Louis XV, on voit apparaître une innovation dans le cérémonial des feux de joie. La Duchesse ayant accouché d'un prince, en août 1736, Sa Majesté ordonna une Messe avec *Te Deum* et feu de joie ; les autorités locales ajoutèrent l'obligation d'illuminer depuis huit heures du soir jusqu'à dix, à peine de 10 livres d'amende, en cas de contravention. C'était le Conseil de Ville qui établissait l'amende et en fixait le chiffre. L'illumination n'était guère spontanée, comme on le voit.

Le 20 Juin 1775, le roi envoie une lettre datée de Reims, demandant un *Te Deum* d'actions de grâces, à l'occasion de son sacre et de son couronnement et, le 23 Juillet, il y a ordre de la municipalité d'illuminer à peine de 20 livres d'amende.

Il semble que le prestige de la royauté allait en s'affaiblissant, le chiffre des amendes portées contre les indifférents inviterait à le croire.

Le 24 Janvier 1779, on devra allumer un feu de joie et chanter un *Te Deum* pour remercier Dieu de l'heureux accouchement de la reine et chaque feu faisant apportera un fagot, à peine de douze livres d'amende.

A l'occasion du traité de Versailles 1783, Sa Majesté ordonne la publication du traité de paix, le chant du *Te Deum* et feu de joie. La municipalité ajoute que la milice bourgoise, commandée par le sieur Bailas, son capitaine, assistera aux dites cérémonies. Les habitants devront illuminer à l'entrée de la nuit à peine de 50 livres d'amende contre chaque contrevenant. Cette amende énorme, exorbitante, en dit long sur l'état des esprits. Sans doute, Magistrats et Officiers rivalisaient de zèle pour prouver leur loyalisme, pour montrer leur attachement à la royauté ; mais les sentiments du peuple avaient changé ; il était mécontent; les impôts augmentaient en même temps que la misère ; ils n'illuminait plus avec la même spontanéité ; la Révolution commençait son action dans les esprits.

Services des étapes — Passages de troupes

Le service des étapes, à St-Rambert, fut très chargé pendant les guerres de Louis XIV et celles de Louis XV et constitua pour la ville et la population un impôt très onéreux, une autre source de misère.

Les archives signalent quelques passages de troupes depuis la fin de l'année 1671.

Le 21 septembre, le sieur Bonvouloir, officier du Sr de Thoy de Peyzieu, apporte une lettre du roi, donnant ordre aux habitants de loger cinquante hommes de recrue du régiment du Plessis-Praslin, commandés par deux capitaines, un lieutenant et deux sergents, qui attendent à la porte de la ville. Bonvouloir offre de composer amiablement en argent : le syndic Me Pressieu lui offre la somme de vingt-deux livres.

Pendant la guerre de la Ligue d'Augsbourg, à l'occasion des allées et venues de l'armée de Catinat à travers la Savoie et les Alpes, entre la victoire de Staffarde 1690 et celle de la Marsaille 1693, jusqu'au traité de Rysvick qui termina la guerre, le passage des troupes fut presque continu.

M. de Gramont, baron, de la Cueille, paroisse de Poncin, écrivant à M. Hérold commissaire des guerres, pour lui demander de soulager les habitants de la Cueille des fréquents passage de troupes et des quartiers d'hiver, dit que, depuis 1690 à 1693, Poncin et la Cueille ont logé plus de 60.000 hommes. Outre cela, la Cueille a eu en quartier d'hiver une compagnie de dragons de Lalande et une compagnie de cavalerie de Noailles en rafraichissement.

Quand le village n'a pas de soldats il doit payer, lorsque c'est à son tour de loger, à la ville de Poncin, cinq sols par fantassin et 10 sols par cavalier ou dragon.

M. Hérold promit au seigneur de Grammont, baron de la Cueille, de faire tout ce qui serait humainement possible pour exempter la baronnie des prochains quartiers d'hiver et décharger ses sujets... La Compagnie de Noailles, qui était arrivée en rafraichissement le premier jour d'avril, n'y resta que deux jours et fut envoyée à Montréal, d'où elle ne sortit que le 25 avril.

Les troupes, qui allaient en Italie ou en revenaient, passaient par la route de Pont-d'Ain et Nantua, avec étape à Poncin, et par la route d'Ambérieu à Belley et à Seyssel, avec étape à St-Rambert.

Si Poncin et la Cueille sont surchargés, St-Rambert ne l'est pas moins, pendant la même période. Le 16 Mai 1694, le Con-

seil s'assemble et, après avoir remontré, que presque journellement quantité de troupes passent à St-Rambert, que des batail-
lons entiers logent, couchent et séjournent dans la ville, ce qui
ruine les habitants, qu'il serait juste que les neuf villages de la
paroisse supportent le logement à proportion de la taille qu'ils
payent, il charge le syndic de se pourvoir auprès de l'Intendant,
pour imposer aux villages la contribution du logement. Le 22
août, M. l'Intendant Ferrand étant allé à Belley faire le département de la taille et du service des étapes de la paroisse pour
1695, le Conseil représente que la ville et paroisse de Saint-
Rambert sont tellement surchargées par les quartiers d'hiver et
les gros passages des troupes de sa Majesté, que plusieurs des
habitants sont réduits à l'aumône et quantité d'autres prêts à
déserter. Il décide de députer, auprès de l'Intendant, quelque
personne intelligente, pour solliciter une décharge de la taille et
une exemption du quartier d'hiver.

Enfin le traité de Ryswick fut signé en 1697. Jamais traité de
paix ne fut accepté avec tant de reconnaissance par la population de nos pays, dont la misère était extrême, par suite de la
guerre et du passage des troupes qui se rendaient en Italie ou
qui en revenaient.

Malheureusement, la guerre allait bientôt recommencer et,
dans l'intervalle, il fallait encore pourvoir aux postes destinés à
empêcher la sortie des religionnaires, c'est-à-dire des protestants
qui quittaient le royaume à la suite de la révocation de l'Edit de
Nantes.

Le 11 Mai 1698 arrive un ordre de Belley de M. Fabry, subdélégué de Mgr l'Intendant, portant que les habitants des paroisses d'Argis et de Montferrand fourniraient par avance, pour le
poste de soldats de St-Rambert, destiné à empêcher la sortie des
nouveaux convertis hors du royaume, une chandelle de quatre
à la livre, deux buches et quatre fagots par jour, réglés à 6 sols
par jour.

Le commandeur de Louze, gouverneur du fort de l'Escluse
avait prévenu qu'il enverrait un sergent et un soldat, pour tenir
le poste de Saint-Rambert. En réalité, il envoya, au mois de
novembre, un lieutenant et trois soldats qui devaient être logés,
de huitaine en huitaine, par les habitants à tour de rôle. On finit

par louer une maison pour le logement de l'officier et les habitants, qui tenaient à se décharger du logement, ou qui n'avaient pas de maisons commodes, payaient deux sols par jour pour la location de la maison du sieur Pasturel.

Quatre ans après la paix de Ryswick, survient la guerre d'Espagne et la troisième coalition 1701-1713.

Le 1er Janvier 1701, la ville reçoit avis de Mgr l'Intendant, qu'il passera trois compagnies de cavalerie au premier jour, qu'il en restera une à Saint-Rambert, qu'on ait à fournir les vivres et les fourrages. Les syndics n'avaient aucuns deniers en main pour l'achat des fourrages. Ils demandèrent à l'adjudicataire du treizain de leur faire l'avance de deux cents livres.

Les mouvements de troupes ne paraissent pas avoir été aussi fréquents que dans la guerre précédente. Au point de vue militaire, les archives ne signalent que le tirage au sort des milices et le passage des recrues de la province.

Le 18 Juillet 1720, le maire et les syndics de Saint-Rambert reçurent avis de Mgr l'Intendant que le régiment Royal Comtois infanterie devait arriver le lendemain dans la ville, qu'ils eussent à prévenir les entrepreneurs des étapes de faire remplir leurs magasins afin que l'étape fut fournie suivant le règlement.

Les entrepreneurs d'étapes ne voulurent point satisfaire à cette demande qui n'était sans doute pas comprise dans les conditions de leur bail, sans cependant qu'on puisse affirmer ce motif, la délibération étant muette sur ce point.

Me Jean-Baptiste Reverdy, syndic général du pays du Bugey et maire de Saint-Rambert, donna des ordres pour que la fourniture de l'étape eut lieu sans retard et fit une grosse commande de pain chez tous les boulangers du pays.

Or, le 19 Juillet, le régiment reçut contre ordre et dut rester dans la ville de Seyssel. Le pain était en souffrance chez les boulangers et allait déperir. Le maire et les syndics durent aviser. Ils décidèrent que le pain serait vendu sur le pied du taux courant ; ils firent défense aux boulangers, aux hôtes et cabaretiers de la ville de cuire aucun pain, avant que celui de l'étape ne fut consommé sous peine de vingt livres d'amende et de confiscation des pains au profit des pauvres de la paroisse.

Saint-Rambert.

En l'année 1733 la guerre de la succession de Pologne amène une série de passages de troupes.

Le 11 Juin 1733, passage et logement dé 17 compagnies du Régiment d'Infanterie de Souvré, venant de Belley. A 50 hommes par compagnie, cela faisait un chiffre considérable.

Le 6 octobre 1733, passage et logement du premier bataillon du Régiment de Champagne, venant de Poncin. Ils partent le lendemain.

Le, surlendemain, 8 octobre, arrivent 9 compagnies du 3ᵉ Bataillon du même régiment. Elles doivent demeurer à St-Rambert jusqu'à nouvel ordre.

Après la guerre de la Succession d'Autriche et le traité d'Aix-la-Chapelle (avril 1748) commence un nouveau passage de troupes. Cette année là, le service des étapes de St-Rambert fut très chargé.

Le 15 Mai 1748, passage et logement de la compagnie de Brisson du régiment des cavaliers de St Simon.

Le 16 Mai, 140 hommes de recrue de la compagnie de volontaires de Lancize, conduits par un capitaine et quatre lieutenants, passent et logent à St-Rambert.

Le 7 Juin c'est tout le régiment des dragons de Languedoc qui arrive à l'effectif de 15 compagnies de 50 hommes chacune.

Ils partent le 8, sauf une compagnie qui reste en quartier. Ce fut cette compagnie qui assista aux processions de la Fête-Dieu et de l'octave ; les officiers furent invités au repas donné par la ville et on distribua, en deux fois, cent pots de vin aux dragons.

Au début de la guerre de Sept ans 1756, le régiment de dragons de Thianges était à St-Rambert ; il partit lè 23 et, comme nous l'avons déjà vu plus' haut on dut organiser une garde bourgeoise pour veiller le passage des bandes armées.

Le dernier jour d'octobre 1756, quatre compagnies de la Légion de Flandre arrivèrent à St-Rambert en quartier d'hiver. Elles y restèrent jusqu'au mois d'avril 1766. Officiers et soldats étaient logés chez les habitants non misérables ; ceux qui n'avaient ni chambre ni lit à donner payaient leur part en argent, pour indemniser ceux qui étaient surchargés.

Cette année-là, l'infanterie avait été répartie pour les quartiers d'hiver à St-Rambert et à Belley ; la cavalerie avait été envoyée en Bresse.

Le sept septembre 1766, le Conseil de Ville apprit que la Légion de Flandre reviendrait prendre ses quartiers d'hiver à St-Rambert. Il représenta au roi que le prix du blé avait augmenté, que les revenus de la ville, après les charges ordinaires payées, avaient été épuisés par la fourniture du bois et des chandelles et autres frais pour le corps de garde, que l'on s'était plaint du dernier quartier d'hiver, malgré l'excellente discipline que l'officier maintenait dans sa troupe, que St-Rambert avait depuis longtemps un abonnement avec sa Majesté pour les quartiers d'hiver et qu'il n'était pas juste que les autres villes du Bugey jouissent seules de l'exemption, qu'il serait beaucoup mieux pour l'habitant et pour le soldat de renvoyer l'infanterie en Bresse.

Ceux qui avaient une nombreuse famille étaient, en vertu de l'édit de novembre 1666, exempts du logement de la troupe. Le sieur Bruno Bibet ayant eu 18 enfants de loyaux mariages, dont dix vivants, non prêtres ni religieux, fut exempté, le 10 octobre 1773, de la collecte tallion, sels, subsides, tutelle, curatelle, logement des gens de guerre, contribution aux ustanciles, guet, garde, corvées, fournitures de chevaux et autres charges publiques.

Après la guerre de Sept ans, les archives ne mentionnent plus de passages de troupes. Pendant les guerres de la Révolution, les armées de la première République empruntèrent de nouveau cette voie pour se rendre en Italie. On possède même à St-Rambert un autographe du général Kléber, alors adjudant major portant devant la municipalité une plainte pour le pain fourni à la troupe.

Les Milices

Les milices qu'il ne faut pas confondre avec la milice bourgeoise dont nous avons déjà parlé, se composaient des soldats choisis ou tirés au sort pour faire partie de l'armée.

En temps de guerre, St-Rambert était tenu de fournir un soldat, lorsque le roi ordonnait la levée de la milice. On dressait le rôle de ceux qui paraissaient les plus robustes et les plus propres au métier militaire et on choisissait dans cette liste une recrue. En 1695, on dressa la liste le 3 Mars et on choisit, sans indiquer la façon de procéder, par tirage au sort ou autre système, celui qui sembla le plus apte à être soldat. Il dut ensuite assister à la revue des recrues de la province, qui eut lieu trois jours après, à Belley, devant M. Boyer commissaire des guerres.

Le rôle de 1695 comprend la liste suivante dressée avant le tirage au sort.

Saint-Rambert

Pierre, fils de Jean-Pierre Maigre ; Antonin, fils de Pierre Maigre ; Philippe Bibet, Joseph Voland, Caliste Poncet, Melchiol Brutin, François Bellaz, Pierre Maillet, Gaspard Gudet.

Serrières

Michel Tarpin, Benoit Tarpin, Antoine Martin, Antoine Tarpin, Claude Tarpin, Joseph Martin.

Blanaz

Pierre Galcon, Catherin Myon-Rigollet, François Tarpin-Cadot, André Thomas.

Gratoux

Claude, fils de Laurent Perrozet, Claude Reverdy, Louis Mazier.

Dans les autres villages il n'y avait pas de garçons qui fussent capables de servir, ni à Angrières, ni à Morgelas, ni à Lupieu, ni à Jarvonoz.

A l'époque de la guerre de la Succession d'Espagne, en 1701, le 19 Mars, on fit assembler ceux qui étaient capables de servir depuis l'âge de 22 ans jusqu'à 40 ans et on tira au sort le soldat de milice, en présence de M. Boyer commissaire de guerre, et un des syndics généraux. L'ordonnance portait que le soldat de milice serait habillé, payé et armé par sa Majesté.

Le 29 novembre 1702, l'ordonnance pour le tirage au sort ne visait que les hommes en état de servir, depuis l'âge de 20 ans jusqu'à 35 ans accomplis, tant garçons qu'hommes mariés, en spécifiant toutefois, que les hommes mariés serviraient volontairement et accepteraient d'être tirés au sort.

Le maire, les syndics, procureurs du Roi, les syndics, les péréquateurs des villages et hameaux de la paroisse établirent la liste pour l'élection du soldat de recrue. Les jeunes gens désignés devaient se présenter, conduits par leurs syndics respectifs, après la messe de paroisse, devant Messieurs Cottin et Cullet, subdélégués de Mgr l'Intendant, le dernier dimanche de décembre.

Les syndics d'Angrières ne s'étaient pas présentés avec les jeunes gens de leur village, malgré le mandat du maire. Celui-ci ordonna à Jean Dufour et à Joseph Pion, syndics et péréquateurs d'Angrières de se présenter le lendemain avec tous les garçons du village, qui furent condamnés chacun à 300 fr. d'amende, avec défense aux pères et mères de les laisser évader, sous peine d'en répondre en leur personne, conformément à l'ordonnance de l'Intendant.

En 1705 le tirage au sort du « soldat de milice » eut lieu, en la maison de ville, le 8 décembre. Il est dit dans la délibération que « le soldat de milice » devait servir pendant trois ans dans les troupes de sa Majesté.

Après la Revue, les recrues étaient acheminées par étapes sur les garnisons qui leur étaient destinées.

Le 5 Février 1748, le lendemain même de la revue qui avait eu lieu à Belley, 74 miliciens arrivèrent à St-Rambert et y logèrent, suivant les ordres donnés par le subdélégué de Mgr l'Intendant.

Comme on le voit, le chiffre des miliciens fournis par la province de Belley n'atteignait pas la centaine. On peut juger par là de la différence qui existait entre ce temps et le nôtre, entre les guerres d'autrefois et celles d'aujourd'hui.

Nous avons parlé jusqu'à présent de la vie municipale de St-Rambert, de son industrie, de ses corps de métier, des vicissitudes agréables ou funestes causées par les événements du royaume, les passages de troupes, la faveur ou l'inclémence des saisons et les mille incidents de la vie sociale et religieuse de la petite cité.

Nous avons admiré l'urbanité des rapports, la douceur des habitudes, la joie simple et générale des fêtes religieuses et patriotiques, cette fraternité sincère qui régnait dans nos petites villes du Bugey, sous l'ancien régime, et donnait à St-Rambert, en particulier, une physionomie franche, originale et pittoresque comme le paysage qui encadrait ses maisons antiques, son vieux château et ses remparts.

Que l'on multiplie ces monographies à l'aide des documents épars dans les archives municipales ! Il n'y a pas de plaidoyer plus convaincant en faveur de la décentralisation et du régionalisme.

Il nous reste à donner quelques chapitres non moins intéressants sur diverses institutions qui se rattachent à la vie municipale et religieuse de St-Rambert. Parmi ces institutions son collège et son hôpital méritent une place à part en raison de leur individualité et de leur importance.

Collège de Saint-Rambert

Toute l'histoire du collège de Saint-Rambert tient entre ces deux dates suggestives : 1607 et 1789. Il s'ouvre six ans après le traité de Lyon qui donnait le Bugey à la France; c'est la Révolution qui le ferme, sous prétexte que le peuple manque de lumière et ce qui ajoute à cette parfaite ironie, c'est qu'il est exproprié pour cause d'utilité publique et ses revenus précipités dans le gouffre sans fond des biens nationaux pour le plus grand profit des pêcheurs en eau trouble.

On comptait dans le département de l'Ain, avant la Révolution, quinze collèges jouissant d'un revenu fixe : Bourg, Bagé, Pont-de-Vaux, Saint-Trivier-de-Courtes, Nantua, Belley, Culoz, Jujurieux, Lagnieu, Saint-Rambert, Trévoux, Châtillon-sur-Chalaronne, Montluel, Thoissey.

Les collèges les plus considérables étaient ceux de Bourg, Belley, Nantua et Thoissey, où l'on enseignait les langues latine et française, la rhétorique, la philosophie et les éléments des mathématiques (1).

Après ces quatre établissements d'enseignement secondaire, il faut placer Saint-Rambert où l'on enseignait les langues latines et françaises et, tout au moins avant la Révolution, une partie des humanités que les élèves allaient achever soit à Bourg, soit à Belley.

(1) Statistique de Bossi (1808).

Comme un grand nombre de ces établissements, le collège de St-Rambert fut fondé au début du 17ᵉ siècle.

Ce fut, en effet, une époque remarquable que cette aurore du 17ᵉ siècle, avec laquelle coïncide l'entrée du Bugey dans la patrie française. On vit alors comme une efflorescence soudaine d'institutions charitables, de fondations pies, que des âmes généreuses faisaient sur tous les points du territoire, pour assurer au peuple les bienfaits de l'instruction et de l'assistance publique.

« Les nombreux érudits qui, dans toutes les régions de la France, ont interrogé les archives locales, sont unanimes à proclamer qu'avant 1789 et, en général, pendant les deux siècles qui ont précédé la Révolution, les écoles populaires ont été multipliées dans les villes et les campagnes, dispensant l'instruction aux ouvriers et aux paysans, le plus souvent gratuitement (2).

Les communes, grâce à ces fondations établissaient des écoles sous leur surveillance et leur responsabilité. Elles étaient généralement payantes pour les riches et gratuites pour les pauvres. Cette gratuité raisonnable et intelligente, qui n'existait que pour les pauvres, était contrôlée, afin que les enfants de la classe aisée ne fussent pas confondus dans le nombre de ceux qui devaient jouir de la gratuité. Les curés recommandaient à la générosité de leurs ouailles l'œuvre de l'instruction populaire; ils faisaient eux-mêmes assez souvent des fondations en sa faveur et on priait les notaires de recommander l'œuvre aux testateurs.

Pour assurer l'existence de ces écoles fondées sur la générosité chrétienne et subventionnées par les municipalités, les ordonnances royales stipulaient que les écoles concurrentes ne pourraient pas s'établir sans autorisation. De même les cours privés institués dans les villes, soit par des particuliers, soit par des congrégations religieuses, en concurrence avec ceux donnés dans les collèges étaient soumis à une sage réglementation.

Mais, ce qui manquait le plus, c'était une organisation générale pour le programme des études et le recrutement des maîtres. Il n'y avait surtout pas d'écoles normales pour le choix et la formation des maîtres. De là une instabilité préjudiciable à l'instruction et à l'éducation de la jeunesse.

Les maîtres, n'ayant pas toujours une vocation éprouvée et

(2) Histoire partiale et Histoire vraie. Jean Guiraud. 3ᵉ Volume p. 369.

des aptitudes pédagogiques cultivées méthodiquement, d'ailleurs peu rétribués, ne tenaient pas leurs engagements. Ils quittaient les écoles pour les motifs les plus futiles, cherchant, dans des pérégrinations lointaines et multiples, les postes les plus avantageux, ou bien se livrant sur place à des industries ou à des commerces incompatibles avec leurs devoirs professionnels et leur rôle d'éducateur.

C'est du moins la conclusion qui se dégage de l'histoire du collège de St-Rambert pendant le 17ᵉ siècle. Il faut arriver presque à la fin de cette époque pour trouver une organisation moins précaire, offrant de sérieuses garanties au point de vue du programme des études et du recrutement du personnel.

L'initiateur de cette grande réforme fut un prêtre, né à Bourg-en-Bresse en 1637, Charles Démia, fondateur des Petites Ecoles du diocèse de Lyon.

Le rêve de Démia est d'instruire les enfants du peuple et de leur apprendre leurs devoirs envers Dieu, envers la patrie, envers la famille. Il fonda la première école normale pour les maîtres, séminaire de St-Charles, et la première école norma'e pour les filles qui se destinent à l'enseignement. Cette dernière œuvre lui a survécu et a prospéré dans la Congrégation florissante des Sœurs St-Charles (3).

St-Rambert dépendait du diocèse de Lyon. A ce titre le collège était soumis à l'inspection des envoyés de Charles Démia chargé par Mgr Camille de Neuville de la direction des Ecoles du diocèse de Lyon. Nous verrons des maîtres fournis par son séminaire prendre, pendant quelques années, la direction du collège et, enfin, nous trouverons dans les archives lyonnaises des procès verbaux des visiteurs qu'il envoya, à différentes reprises, pour stimuler les maîtres et faire progresser l'enseignement.

Fondation et établissement du Collège

Le collège de St-Rambert fut fondé par Claude Guichard, référendaire du duc de Savoie. Né à St-Rambert vers le milieu du 16ᵉ siècle, Claude Guichard, seigneur d'Arandaz, d'Argis et

(3) Gabriel Compayré : Charles Démia et les origines de l'enseignement primaire.

de Tenay, fit ses études avec succès à l'Universalité de Turin, où, ayant pris ses degrés en droit, il fut pourvu des charges de Secrétaire d'Etat, Maître des Requêtes et grand Référendaire.

Son ardeur pour l'étude et la science lui mérita la bienveillance de Charles Emmanuel Ier, qui le nomma son historiographe. Il mourut à Turin, le 15 mai 1607. Il avait composé lui-même son épitaphe, qui fait voir quelles étaient sa foi, sa piété et la simplicité de ses mœurs :

Soli fide Deo, vitœ quod sufficit opta;
Sit tibi cura salus; cetera crede nihil.

On a de lui : 1° *Funérailles et diverses manières d'ensevelir des Romains, Grecs et autres nations tant anciennes que modernes.* Lyon 1581, in 4°. Cet ouvrage, dit l'abbé Dépery, est rare et recherché des curieux; 2° *Agréables nouvelles à tous bons catholiques de la conversion du duché de Chablais,* Chambéry 1598; 3° *L'alphabet moral en vers français;* 4° *Une traduction de Tite Live* (4).

Quelques jours avant sa mort, le 6 mai 1607, il avait par son testament fondé, sous le vocable du Saint-Esprit, un collège à St-Rambert. Il lui léguait 300 livres de rente pour l'entretien de deux régents, sous la réserve du patronage du collège pour sa famille et la branche aînée tant qu'elle durerait.

Le collège fut installé dans les bâtiments de l'Hôtel-de-Ville, monument du XV° siècle (5), qui fut démoli vers 1840 pour faire place à l'Hôtel-de-Ville actuel.

On entrait au collège par une porte voutée au-dessus de laquelle logeait la maréchaussée. On pénétrait aussi dans une cour intérieure ombragée par un tilleul puissant, sous lequel les écoliers prenaient leurs ébats. Il existait encore à la Révolution. Le 20 pluviose, an IV, l'agent de la commune dit que le tilleul, qui est au milieu de la cour de la maison commune, est mort, qu'il convient de le faire exploiter pour l'usage du corps de garde. Le citoyen Reverdy, commissaire du pouvoir exécutif, autorise l'agent de la commune à le faire abattre et exploiter ou à le vendre.

(4) Biographie des hommes célèbres du département de l'Ain, par M. Dépery, p. 36.
(5) Notice historique et description de la ville et de l'abbaye de St-Rambert-de-Joux, par H. Leymarie, p. 63.

A gauche de la cour étaient trois salles basses qui servaient de salles d'études et de classes; c'est à peu près l'emplacement de la grenette actuelle. Elles étaient séparées de la rivière par un jardin qui, lors de la reconstruction, fut remplacé par un espace vide servant d'entrepôt aux voitures pendant les jours de marché.

Au-dessus des salles de classe, au premier étage, étaient les deux chambres des maîtres attenant à la grande salle des assemblées communales et prenant jour soit sur la cour de récréation, soit sur le jardin du côté de l'Albarine.

On accédait à la Mairie et à ses dépendances par un escalier à gauche de la porte voûtée qui servait d'entrée.

La cour du collège était limitée du côté de l'Albarine par la muraille de la ville et au couchant par la maison de Jean Béatrix.

Les maîtres avaient encore des jardins contre l'Albarine et la maison Béatrix. Ils furent cédés à la confrérie des Pénitents pour y établir une chapelle dont il nous reste à parler.

La confrérie des Pénitents, fondée en 1641, fit d'abord ses offices dans la chapelle de St Roch et de Ste Barbe, appelée aussi plus tard chapelle des Rameaux, située sur un petit mamelon au sud de l'abbaye et dépendant du monastère. Ils avaient demandé à l'abbé la permission d'y faire leurs prières et d'y faire célébrer la Sainte Messe, en attendant qu'ils eussent le moyen de faire bâtir une chapelle en un lieu plus commode.

En 1645, ils adressèrent une requête à M. le Juge-mage des terres de Mgr le duc de Nemours, demandant la permission de faire bâtir une chapelle au collège de St-Rambert, à l'endroit le moins dommageable. La permission fut accordée; l'autorité ecclésiastique donna son assentiment par l'intermédiaire du vicaire général du diocèse de Lyon, dont St-Rambert-de-Joux faisait partie; enfin, la ville céda une parcelle de terrain de 25 pieds de large sur 48 pieds de long, à prendre du côté de la muraille au midi et le long de la muraille mitoyenne du collège et de la maison de Jean Béatrix; cet espace, qui limitait la cour du collège au midi et au couchant, était, comme nous l'avons déjà indiqué, occupé par les jardins des professeurs.

Aimé Guichard, comptable de la Confrérie, très entendu dans l'art de diriger les travaux, partit avec quelques maçons à travers les maisons de la ville pour trouver des pierres de taille. Cette façon économique d'ouvrir une carrière pour constructions, nous prouve que la Confrérie était populaire. Les gens de la ville fournirent bénévolement les pierres de taille dont ils pouvaient disposer; toutefois, ces matériaux de provenances diverses, débr.s d'anciennes démolitions, restés en souffrance dans les cours des maisons, ne pouvaient pas être utilisés sans subir une nouvelle transformâtion; ils furent retaillés par Benoît, maître tailleur de Cleyzieu, travaillant à raison de 16 sols par jour.

Aimé Guichard alla ensuite à la montagne d'Outriaz, pour commander les bois de construction : les sommiers, les chevrons et les lattes de la toiture, les bois pour la tribune et le plancher de la chapelle. Quelques particuliers, M° Buynand et d'autres fournirent des chevrons provenant des bois de la Roche.

Les tuiles furent achetées à Priay en Bresse. Le carronnier de Richemond en amena 6000 avec 200 par dessus pour le prix de 71 livres 6 sols. On en fit revenir un surplus de 4800. Le même carronnier fournit la chaux pour blanchir la chapelle. La construction commencée en 1646 ne fut terminée qu'en 1650.

Avec les comptes fort bien tenus d'Aimé Guichard (6), on peut reproduire le croquis de la chapelle des Pénitents. C'est un édifice rectangulaire de 48 pieds de long, sur 25 de large, avec un portail à plein cintre sur façade triangulaire, une porte latérale et six fenêtres également à plein cintre et trois œils de bœuf, dont un au-dessus de la grande porte.

A l'intérieur, près de la grande porte, un escalier de bois conduisait à une tribune, où étaient quinze sièges réservés pour les officiers de la Justice, qui en retour s'étaient engagés à affecter à la construction de la chapelle les amendes spécifiées pour une destination facultative.

Elle fut désaffectée à la Révolution. Il fut d'abord question de la vendre; mais le 5 Messidor an V, nous voyons la municipalité s'opposer à la vente de l'immeuble et proposer qu'on en fît soit une chambre de sûreté, soit un entrepôt, soit une salle pour les séances de la justice de paix. Elle servit pendant longtemps de grenier à fourrage et fut rasée lors de la reconstruction de l'Hôtel-de-Ville.

Construite sur le terrain du collège, peu de temps après son

(6) Registre des Pénitents aux archives de la cure.

établissement dans les dépendances de l'Hôtel-de-Ville, la chapelle des Pénitents faisait partie pour ainsi dire de l'école. Elle
en a suivi les vicissitudes et à ce titre elle méritait de prendre
place dans ce chapitre. La Grenette a remplacé les salles de
classe, la rue de l'Hôtel-de-Ville traverse l'ancienne cour du collège et l'abri couvert pour le marché, qui est au sud, est sur
l'emplacement de la chapelle des Pénitents

Les revenus du collège se composaient primitivement des 300
livres annuelles fournies par son fondateur Pierre Guichard.

Mais, dans le cours du 17° et du 18° siècle, d'autres donations
vinrent augmenter les ressources et permirent des améliorations
dans les études et dans la condition des maîtres. Nous allons
énumérer successivement tous ces revenus.

Fondation Guichard. Les biens de la fondation Guichard se
décomposaient ainsi :

(a) Une pièce de vigne dépendant du fief de Montferrand, de
la contenance de trois fosserons ;

(b) deux cartellées de terre au finage de Bettant, plus la moitié
d'une cartellée et demie de terre, au même lieu;

(c) un journal de terre situé au Mondelange. Ces pièces de
terre dépendaient du fief de Montferrand et le directeur des
revenus du collège dut lui payer en 1670, pour les laods et servis,
la somme de soixante-seize livres.

La fondation Guichard comprenait en plus :

(d) Des terres à Vaux et à Ambutrix qui ne sont pas spécifiées,
mais seulement indiquées;

(e) une pièce de terre, rière le finage de St-Denis proche le
pont, dépendant de l'abbaye de St-Sulpice.

Il y eut également des contestations avec l'abbé de St-Sulpice,
au sujet des laods réclamés par celui-ci à la mort du présentateur
du collège. Ces laods étaient exigés à la mort de chaque présentateur, tant que la communauté n'avait pas constitué un homme
vivant et mouvant pour la représenter.

Jacques Pressieu, directeur des revenus du collège, fut délégué
à Bourg avec le sac et les pièces de la communauté, pour con-

sulter l'avocat Brachet ou tout autre fameux dudit Bourg et s'en tenir à ses conclusions.

Les actes ne mentionnent pas de quel genre furent les conclusions. Il est probable que l'affaire fut réglée à l'amiable.

En 1653 les revenus nets provenant de la fondation Guichard étaient évalués à trois cent et soixante dix livres, et suffisaient à l'entretien des deux maîtres chargés des classes du collège.

Ce n'était pas la fortune, pas même l'abondance et les maîtres se plaignaient de l'insuffisance de leurs émoluments. D'autre part, les classes, deux en tout, ne pouvaient pas donner un enseignement suffisant de la langue française et quelques notions de latin. Un prêtre distingué, originaire de St-Rambert, ancien élève du collège, eut la générosité de pourvoir à ce déficit et fit, en faveur du collège, des fondations importantes.

Fondations Tenand.

Jean-Baptiste Tenand, fils de M. Pierre Tenand en son vivant notaire royal et procureur de Saint-Rambert, était prêtre et supérieur de l'Oratoire de Besançon. Il avait conservé un bon souvenir du collège, où il avait été élevé et instruit dans sa prime jeunesse, et il avait maintes fois exprimé à ses amis et concitoyens le désir de donner ses biens au collège.

L'intention annoncée se réalisa en 1698. Jean-Baptiste Tenand fit une première donation de cent livres de revenus annuels, pour avoir au collège un troisième régent.

Enfin, en 1701, il fit proposer au conseil un projet de fondation pour un quatrième régent, en indiquant ses volontés pour l'emploi de cette importante fondation.

Le conseil, après avoir pris connaissance du projet convint qu'il était avantageux pour le collège et pour la communauté; l'Assemblée tâcherait dans toutes les occasions d'en témoigner sa gratitude.

Il fut même décidé que dans ce but les maires, syndics et habitants, ainsi que le directeur du collège, écriraient une lettre collective, la plus honnête et la plus civile possible, pour accepter la fondation et exprimer leur reconnaissance à ce généreux compatriote.

A cette époque, Jean Baptiste Tenand, supérieur de l'oratoire de Besançon, était professeur de théologie au grand séminaire de Dijon. M° Cottin, écuyer, conseiller secrétaire, fut chargé de se transporter à Dijon pour passer le contrat de fondation, dont voici la teneur :

« M° Jean Baptiste Tenand, prêtre de l'Oratoire de Dijon, ayant déjà fondé un troisième régent en faveur du collège dudit Saint-Rambert et voulant en fonder un quatrième par un expédient que son zèle pour une si bonne œuvre lui inspire, fait donation au dit collège d'une somme de 4000 livres par devant M° Clerget, notaire royal à Dijon.

Cette donation est faite sous diverses conditions et notamment sous celles ci-après :

« Le collège fera faire un service pour le repos de l'âme du S' Tenand et de ses parents, après son décès, qui consistera en une grand'messe à diacre et sous-diacre avec le *Libera* chanté ensuite, après lequel on distribuera la somme de dix livres, savoir : dix sols au curé pour la publication du service au prône, suivant la coutume, trente au célébrant, vingt au diacre, autant au sous-diacre, autant à chacun des deux chantres en chape et quatre livres aux pauvres dans la cour du collège, chaque année à perpétuité...

La nomination des deux régents, fondés tant par le présent acte que par le précédent, se fera par le Conseil de ville, qui invitera, à son choix, deux de ses plus considérables parents ou alliés qui y auront chacun leur voix.

Entre les sujets qui se présenteront pour cet emploi, l'on préférera toujours le mérite à toute autre considération, l'éducation de la jeunesse étant un trop grand bien pour le sacrifier aux intérêts de quelques particuliers.

Le conseil réglera leurs gages, en proportion de leurs classes, le public ayant intérêt d'augmenter plutôt que de diminuer les gages des régents pour en avoir de bons, outre qu'il est juste qu'il réponde de son côté à une si bonne œuvre qui tourne tout à son avantage, à l'honneur de la ville, au bonheur des particuliers et à la gloire de Dieu.

Enfin, à l'élection de chaque recteur, on lui lira le présent acte, en présence du conseil de ville, à qui il promettra de se conformer. »

Cette fondation généreuse, si bien ordonnancée pour assurer la prospérité du collège, devait subir bientôt les exigences du fisc déjà intraitable à cette·époque.

Le traitant de sa Majesté, dont le nom n'est pas donné dans les tractations consécutives à la donation Tenand, n'y va pas de main morte. Il assigne le directeur des revenus du collège en paiement des droits d'amortissement de la dite fondation, pour une somme considérable. C'est en 1705; la donation est de 1702. Il a eu le temps de faire examiner l'affaire par ses hommes de loi et d'établir ses comptes. Après des sous-inspections et des inspections, des visions et des révisions de toutes les ordonnances et des décrets concernant la matière, il libelle une note de 688 livres 15 sols.

Les quinze sols sont là, sans doute, pour la forme; ils tiennent lieu de la cote de probité et soulignent l'honnêteté apparente du calcul.

Devant cette addition, le Directeur des revenus perd contenance. Ce que le fisc réclame équivaut presque au revenu annuel du collège. Comment payer les appointements des maîtres? Et, si on ne les paie pas, il faudra fermer momentanément les classes. La jeunesse sera condamnée à vagabonder dans les rues et à vivre sans éducation.

Le traitant avait fait saisir les revenus du collège et avait demandé, jusqu'à concurrence de la somme de 688 livres 15 sols, la main levée, qui lui avait été accordée par Monseigneur l'Intendant **Ferrand.**

Heureusement Jean Baptiste Tenand avait été informé de la tuile fiscale qui tombait sur sa fondation, au risque de l'écraser. A Dijon, au milieu des influences du Parlement, des avocats et des gens d'affaires, il était bien placé pour parer le coup de la main levée. Il employa un moyen qui réussirait encore aujourd'hui. Il envoya deux personnes influentes trouver Monseigneur l'Intendant Pinon, lequel, par un second arrêt du 1er août 1706, détruisit le premier arrêt de 1705 de l'Intendant Ferrand et déchargea le collège.

Lorsque la lettre annonçant le succès de la démarche du sieur Tenand arriva à St-Rambert, elle fut accueillie avec une joie inespérée. Le conseil songea immédiatement à faire une reconnaissance honnête aux deux personnes de considération, qui s'étaient employées si discrètement et si heureusement dans cette affaire.

Les archives ne nous ont pas conservé leurs noms pas plus que l'énumération des cadeaux en nature, qui furent envoyés en signe de reconnaissance.

Peut-être faudrait-il demander ce secret aux perdrix du Suerme ou aux lièvres de Morgelas que la municipalité chargeait parfois d'adoucir au passage les exigences des intendants et des agents du fisc?

Fondation Carron. Une nouvelle libéralité vint, au début du 18ᵉ siècle, ajouter un petit appoint aux revenus du collège; c'est la fondation Carron, importante moins par la quotité des fonds légués à l'établissement de St-Rambert que par la forme stipulée par son emploi et ses différentes distributions.

Claude Carron, prêtre, docteur en théologie, ancien curé d'Arandas, fait par devant son parent Mᵉ Laurent Carron, notaire royal, donation de la somme de 1100 livres à la ville et communauté de Saint-Rambert, pour l'entretien du collège.

Le maire, les syndics et conseillers devront placer la somme en achat d'héritage ou fonds produisant un revenu de cinquante cinq livres à raison du denier vingt.

Ils donneront annuellement seize livres aux curés et syndics de la communauté d'Arandaz, chaque onzième du mois de novembre, pour acheter de la serge blanche et habiller les orphelins ou les plus pauvres petits enfants de la paroisse depuis un an jusqu'à sept ans et non au delà.

Ils donneront même somme aux curé et sindics de Serrières-de-Briord, pour acheter de la serge blanche et l'employer dans les mêmes conditions.

Les vingt-trois livres restant seront délivrées à pepétuité aux régents servant et enseignant dans les basses classes du collège, en plus de leurs appointements ordinaires. Générosité bien touchante que celle de ce curé de village, docteur en théologie, ayant surtout en vue les enfants les plus délaissés et leurs maîtres les plus humbles !

En prenant pour base de l'intérêt le denier vingt, la fondation Carron rapportait 55 livres, les deux fondations de Jean Baptiste Tenand ensemble 300 livres, qui s'ajoutant aux 400 livres de la fondation Guichard, constituaient pour le collège un rlvenu de 755 livres, à la fin du dix-huitième siècle.

Depuis la fondation de 1607 l'intérêt de l'argent s'était accru. Les trois cents livres fondées en 1607 par le sieur Guichard, rapportaient 370 livres en 1653 et 400 livres en 1761.

En 1734 nous voyons mentionné pour la première fois comme dépendant du collège, le domaine de Malatrait. Il est amodié à Melchiol Bibet moyennant la somme annuelle de quatre vingt dix livres.

Voici, après 1761, la progression des revenus, telle qu'elle résulte des amodiations conservées dans les archives.

En 1770, les biens du collège sont amodiés à Claude Pitrat 760 livres. En 1771, le domaine de Malatrait loué à part, rapporte 155 livres; ce qui porte les revenus fonciers du collège à 915 livres.

Le 27 juillet 1788, à la veille de la Révolution, tous les biens immeubles dépendant du collège sont loués 900 livres. Si l'on ajoute à ce chiffre les 300 livres de la fondation Tenand, on trouve un chiffre de revenus de 1200 livres.

C'est exactement celui que le préfet Bossi indique dans sa statistique de 1808.

Résumons à ce propos les documents fort intéressants qu'il a donnés sur l'état de l'instruction publique dans le département de l'Ain, avant la Révolution.

On comptait, dans le département de l'Ain. avant la révolution, quinze communes dont chacune possédait une maison d'instruction, sous le nom de collège, jouissant d'un revenu fixe.

Le collège de Bourg possédait un revenu de 8000 francs et une rente de 1500 fr. payée par la ville; celui de Belley 9950 fr.; celui de Nantua 600 fr.; celui de Thoissey 8000 fr.; celui de Culoz 800 fr.; celui de Jujurieux 1800 fr.; celui de Lagnieu 1000 fr.; celui de St-Rambert 1200 fr. La dépense des collèges de Bâgé, Pont-de-Vaux, Pont-de-Veyle, St-Trivier-de-Courtes, Montluel et Châtillon était payée par les corps municipaux sur les revenus assez considérables que possédaient ces petites villes.

Cet auteur évalue à près de 40.000 francs les revenus affectés dans l'Ain à l'Instruction publique et aliénés par la Révolution.

La France n'avait plus d'instruction publique; les écoles primaires étaient presque nulles et, parmi les recrues de la conscription de 1806, dans l'Ain, un conscrit sur seize seulement savait lire et écrire.

Après ce coup d'œil général, revenons au collège de Saint-Rambert.

La rente de 1200 fr. n'arrivait pas intégralement dans la caisse du directeur des revenus. Outre les clauses de la donation Carron pour les enfants pauvres d'Arandaz et de Serrières-de-Briord, les frais du service religieux et aumônes de la fondation Tenand, il y avait encore des droits de succession à payer pour la fondation Guichard au seigneur de Montferrand et à l'abbé de St-Sulpice, à la mort de chaque présentateur du collège, lequel était choisi, comme on l'a vu, parmi les descendants du fondateur Claude Guichard.

On essaya encore d'imposer le collège de St-Rambert dans la répartition de la subvention due au roi par le clergé. A la fin de l'année 1707, les syndics du clergé de Bresse cotisèrent le collège pour l'année 1700 à 2 livres et à 5 livres pour les années suivantes : ce qui donnait un total de 32 livres. Le prêtre, Joseph Jugeat, curé de St-Sorlin, syndic du clergé, fit faire commandement à Jacques Pressieu, fermier des revenus du collège, par exploit de Lafontaine, huissier royal, le 15 novembre 1707, d'avoir à payer la cotisation fixée.

L'assemblée communale ne paraît pas avoir été émue outre mesure par cette exigence. Avec le clergé et les moines on ne se gênait guère et tout finissait par s'arranger.

Cette fois on n'essaya même pas d'un accommodement. Le conseil opposa un refus catégorique et motivé à la demande du syndic du clergé. La subvention due au roi incombait tout entière au clergé et aux bénéficiers; elle n'était pas due par les collèges de fondation laïque, comme était celui de St-Rambert, d'autant plus que les revenus de ce dernier n'étaient pas même suffisants pour payer les maîtres préposés à l'éducation de la jeunesse. Le curé de St-Sorlin en fut pour ses frais de commandement.

Une autre dépense, plus urgente, s'imposait de temps à autre : c'était la réparation des bâtiments du collège, des classes et des chambres des maîtres; mais on ne procédait que rarement aux opérations de ce genre et avec une parcimonie controlée, puisque le directeur des revenus ne pouvait faire de son chef une réparation dépassant la somme de trois livres.

C'était à peine suffisant pour les réparations annuelles des cheminées et de la toiture.

En 1695, l'état des bâtiments est tel que l'on ne peut plus trouver des maîtres pour l'habiter et enseigner la jeunesse. La communauté dut intervenir et ordonner les réparations nécessaires. Nous ignorons dans quelle mesure les revenus du collège durent contribuer à cette dépense.

Ces détails indiqués pour les fondations et les revenus du collège, nous ont renseignés sur les ressources dont il pouvait disposer pour l'instruction de la jeunesse. Elles étaient insuffisantes et nous verrons plus loin les plaintes réitérées des maîtres à ce sujet.

Il nous reste à voir dans les chapitres qui vont suivre le programme des études et le recrutement des maîtres.

Programme des Etudes — Inspections
Mobilier Scolaire

Les archives municipales de St-Rambert sont muettes sur les débuts du collège. Les documents qui s'y rapportent ne remontent pas plus loin que le milieu du 17° siècle.

Il faut arriver à 1687 pour trouver des renseignements sur le programme des études. C'est un acte passé devant M. Rosset notaire, entre Pierre Guichard, patron du collège, et Claude Charpillion, prêtre de Vescles en Franche-Comté, André de St-Loup, sous-diacre de St Gengoux le royal en Bourgogne, Jean Castet de Gosserand en Languedoc et Grumet de Saint-Rambert, le plus jeune des quatre, agissant de l'autorité et du consentement de son père. Ils se proposent d'enseigner au collège de St-Rambert et, présentés par le sieur Guichard, ils sont agréés par Gaspard Bourdin, premier syndic de la ville.

Ils s'engagent à enseigner pendant neuf ans, à partir du 1ᵉʳ avril 1687, dans les conditions suivantes.

La classe du matin devra commencer à 7 h. ½ et finir à 9 h. ½, depuis Pâques jusqu'aux vacances, c'est-à-dire pendant la saison d'été.

Le soir, sur le midi ou une heure, ils sonneront la cloche pour donner des Exemplaires à ceux qui apprennent à écrire. C'est une étude préparatoire pour les exercices d'écriture avant l'ouverture régulière de la classe du soir qui commencera à 2 h. ½ et finira à 4 h. ½. L'étude préparatoire d'écriture devait se faire avant la classe, pendant laquelle la table des écrivains était occupée par les plus grands pour d'autres exercices.

Tel est l'horaire des études et des classes pour l'été.

Pour l'hiver, c'est-à-dire depuis la Toussaint jusqu'à Pâques, la classe du matin commencera à 8 h. et finira à 10 h.; le soir entrée à 2 h., sortie à 4 h.

A l'entrée de la classe, les écoliers récitent à basse voix le *Veni Sancte* avec l'oraison. Ensuite, les maîtres enseigneront aux enfants à prier Dieu et devront faire réciter, à la fin de toutes les classes, l'antienne de la Ste Vierge selon le temps.

Après la prière et la récitation des prières par les plus petits, les maîtres enseigneront l'abécédaire, l'écriture, la grammaire, l'arithmétique.

La pédagogie au 17ᵉ siècle se bornait à apprendre à lire, à écrire et à compter.

La lecture et l'écriture devaient être des exercices de tous les jours; mais l'emploi du temps pour l'orthographe et le calcul n'est pas spécifié dans le contrat de 1687.

Les dimanches et fêtes solennelles, l'un d'eux conduira les écoliers à la grand'messe et aux vêpres, comme aussi, au temps de Carême, aux sermons trois fois la semaine et le vendredi aux processions (sans doute le chemin de la croix).

Ils ne donneront aucunes vacances que celles de l'ordinaire, à savoir aux vendanges, à moins d'une permission des syndics ou du présentateur.

Ils ne feront aucune fonction curiale qui puisse empêcher ou retarder les classes.

Ils peuvent faire donner à chaque écolier six deniers pour faire un service pour Claude Guichard, fondateur du collège. La classe n'était pas payante et, en dehors de cette petite cotisation, les maîtres ne devaient réclamer aucun salaire.

Il est intéressant de connaître le mobilier des écoles à cette époque. Les inspections des envoyés de Démia nous montreront bientôt que celui de Saint-Rambert laissait fort à désirer.

Le mobilier d'une classe, notamment des petites écoles, avait été établi minutieusement par Charles Démia.

Il comportait des bancs pour les élèves, deux chaises pour les maîtres, des tables pour les écrivains, deux tableaux noirs, des carrés de bois en forme de dés sur lesquels sont marqués le chiffre et les lettres, des baguettes, des petits drapeaux, des peignes, ce qui prouve, dit Charles Compayré, qu'on avait quelque soin de la toilette des enfants.

Les dés servaient à l'enseignement de la lecture et de l'arithmétique.

Pour l'Ecriture, on suivait, en attendant les règlements mieux appropriés et plus complet de Démia, *l'Ecole paroissiale*, ouvrage paru en 1655 par M. I. D. B., prêtre à Paris, qui distinguait cinq sortes d'écritures . la financière, la batarde, l'italienne, la commune et la minute.

Il nous reste à voir, comment fut exécuté, au point de vue des études, le programme de 1687, et ce qu'était le mobilier des classes de Saint-Rambert.

Les archives municipales, qui nous donnent par le menu les contrats passés avec les maîtres par la municipalité, ne nous disent rien ou presque rien de la manière dont l'enseignement était donné. Mais nous avons dans les archives départementales du Rhône les visites des envoyés de Démia qui nous instruiront sur le nombre des élèves et sur les études.

La nomination de l'abbé Démia, comme directeur général des écoles du diocèse, que fit Mgr Villeroy, le 1er Février 1675, et la création du Séminaire St-Charles donnèrent une vive impulsion à l'enseignement populaire.

L'abbé Démia (7) organisa des visites des écoles du diocèse

(7) Le Collège de St Symphorien le Chatel, par Henri Matagrin, p. 13. Librairie Vitte.

par des prêtres du séminaire Saint-Charles, désignés sous le nom de Courriers; ils avaient à vérifier, si les maîtres étaient dûment autorisés et à faire un rapport sur la tenue générale de l'école.

Nous devons à l'obligeance d'Henri Matagrin, de regrettée mémoire, le relevé des visites du collège de St-Rambert, conservées aux archives du Rhône. La première est de 1688.

M. Gabriel Nicolas, Préfet et Supérieur du Séminaire de St-Charles à Lyon, fut commis pour la visite des écoles de Bresse et de Bugey par lettres de M. Charles Démia, Directeur Général des Ecoles du Diocèse de Lyon, du 14 août 1684.

Les Archives Départementales du Rhône conservent dans le fonds des Petites-Ecoles (D. 356; 360) les documents d'une visite Générale, qu'il fit en août-septembre 1688, soit un tableau récapitulatif des écoles visitées (8), où sont consignées des indications sommaires relatives aux résultats de la visite et quelques procès-verbaux séparés plus explicites.

Il résulte des renseignements portés au tableau récapitulatif que le collège de St-Rambert était alors dirigé par l'abbé Grumel, prêtre, âgé de 30 ans, et l'abbé Picot, acolyte, 23 ans. Le premier *faisait bien* les latinistes et négligeait les petits ; le second ne paraissait pas propre à cet emploi. Le collège avait 300 livres de rente. Il y avait 42 élèves ; les notes données furent pour l'ensemble, lecture, médiocre; écriture, médiocre; catéchisme, très bien; prières, mal; messe, très bien; modestie, très bien; règlement, mal; livres et meubles d'école, feuilles de prières, néant; il y avait une seule image de piété, les maîtres n'étaient pas approuvés.

Voici le procès-verbal de visite, qui se rapporte à ce tableau :

« Nous soussigné commis en la visite des écoles de Bresse et Bugey et en suite de la commission de M⁰ Charles Démia, prêtre, promoteur de Monseigneur l'Archevêque de Lyon et Directeur Général des Ecoles, du 14° aoust 1684, nous nous sommes porté dans la ville de St-Rambert-en-Bugey pour y faire une visite

(8) Miribel, Montluel, Pérouges, Meximieux, Loyes, Lagnieu, Villebois, Serrières, St-Rambert, Ambérieu, Ambronay, Jujurieux, Poncin, Pont-d'Ain, Bourg, St Trivier-en-Bresse, Feillens, Pont-de-Vaux, Bâgé-le-Châtel et Pont-de-Veyle.

dans le collège de la dite ville, dans lequel ayant esté introduit par Mre Cotin, curé audt lieu et accompagné de Mre Nicolas-Marguerite Douceur, Curé de St-Sulpice, nous avons trouvé Monsieur Grumel, prêtre, principal dudit collège, et Mr Picot, régent, et comme nous procédions à lade visite se sont présentez Mr Gaspard Bourdin, sindic dudt lieu, accompagné du nominateur dudt collège, qui nous ayant demandé quel droit nous prétendions de visite, et si Mond. Seigr l'Archevêque prétendoit de nommer audt collège, qui est de nomination laïcs, à quoy nous avons répondu qu'il estoit permis au patron de nommer les régens, mais qu'ils devoient estre examinez quand à leur vie, mœurs et capacité, et approuvez par mondt Seigr l'Archevêque, lequel en outre avoit droit de visiter et s'informer de l'advencemt que faisoient les écoliers dans la piété et les lettres, à quoy les susdts sindic et nominateur nous ont dit qu'il estoit juste que sa Grandeur eut soin et inspection tant sur les m^{res} que sur les écoliers et que partant ils n'empéchoient lad. visite, pourvu que cella ne derrogeat pas au droit qu'ils avoint de nommer audt collège.

Led. sieur Grümel a fait espérer qu'il iroit à Lyon pr se stiller dans les fonctions de m^{re} d'école et pr recevoir les ordres qu'il plairroit à Monsieur le Directr des Ecoles de luy donner.

Avons trouvé quatorze latinistes dans une classe assez mal tenue et environ trente à la lecture, qui observent tous le silence et la modestie, vont à la messe, et savent le catéchisme, mais ne prononcent pas bien les prières latines; au surplus, on ne suit aucuns règlements, ni il n'y a aucuns livres, ni autres meubles des écoles; les petits ne lisent pas correctemt le latin. Fait à St-Rambert, le dix septième jour d'aoust mille six cens quatre vingt et huit.

Gabriel Nicolas, commis en la visite des Ecoles.

Le contrat de 1687 passé avec les quatre maîtres sus-nommés, n'avait pas tenu, puisque, l'année suivante, le procès verbal du visiteur Gabriel Nicolas que nous venons de voir, accuse seulement la présence de deux maîtres : Grumet prêtre et Picot accolyte.

Il en sera ainsi de beaucoup de conventions, comme nous le verrons plus en détail dans le chapitre du recrutement des maîtres. L'explication est toujours la même. Il faut la chercher en grande partie dans la modicité du traitement.

Les quatre maîtres, engagés en 1687, ne pouvaient pas se suffire en partageant les 300 livres des revenus qui leur étaient assignés pour tous honoraires, étant donné la clause qu'ils ne devaient rien réclamer aux élèves ou à leurs familles.

D'autre part, les deux maîtres qui restaient ne pouvaient pas fournir tout le programme des études. Ce programme comportait, comme nous venons de le voir, l'étude du latin, qui fut spécifiée à nouveau dans le programme de 1695, lorsque la municipalité eut décidé l'institution dans ce but d'un troisième régent et décrété que l'école serait payante, pour fournir le traitement de ce maître.

Le programme sommaire de 1695 spécifie les matières de l'enseignement afférentes aux trois classes. La première comprend les abécédaires qui apprennent à lire et à écrire; la deuxième ceux qui apprennent la grammaire; la troisième les latinistes.

Chaque écolier d'abécédaire paiera cinq sols par mois et chaque écolier de latin huit sols.

En 1722, c'est Aimé Guichard, curé de la paroisse, qui est principal du collège; ses deux vicaires en sont les régents.

De concert avec son frère, avocat au parlement et présentateur du collège, il élabore un nouveau règlement scolaire qui est surtout un programme d'éducation et d'instruction religieuse.

1° Les maîtres seront tenus de faire le catéchisme tous les samedis.

2° Ils feront dire aux abécédaires leurs prières du matin et du soir, pour leur apprendre à prier.

3° Le cours d'instruction religieuse du samedi comprendra un chapitre de catéchisme pour les écoliers des deux classes et tous ceux qui sauront lire par cœur.

4° Ceux qui apprennent le latin composeront tous les quinze jours.

5° Les maîtres ne donneront pas d'autres féries que les féries ordinaires et, s'ils manquent un jour où ils doivent faire la classe, ils le remplaceront par un autre.

6° Le curé de la paroisse veillera à ce que la jeunesse soit bien enseignée, en visitant les classes toutes les fois qu'il le jugera à propos.

7° Les écoliers assisteront à la grand'messe et vêpres. On fera pour cela sonner la cloche. Ils marcheront avec modestie dans les rues; les maîtres veilleront à ce qu'ils ne soient point dissipés et qu'ils portent honneur et respect à tous ceux auprès desquels ils passeront.

Voilà, il semble, un beau programme d'éducation qui méritait d'être signalé. On reconnaît bien là la main d'Aimé Guichard, docteur en théologie, curé de St-Rambert, qui était principal du collège et, pour ainsi dire, préfet des études, pendant que ses deux vicaires étaient régents, l'un le sieur Baudin pour le latin et l'autre le sieur Braillard pour les abécédaires.

La fin de l'article 7 de ce règlement, sur la modestie et le respect des écoliers, amène naturellement des comparaisons. Qu'est devenu aujourd'hui le respect chez les enfants? Interrogez le voyageur qui passe sur la grande route, le vieillard à la démarche lente et incertaine, le vendeur ambulant, le mendiant qui chemine le long du trottoir; ils vous en diront assez long sur les mœurs de la gent écolière. Où est donc le manuel de civilité du temps jadis et ce cours de politesse où le maître, entre deux leçons d'hygiène usuelle, nous apprenait à respecter les pauvres et à saluer les autorités de la commune?

Charles Démia, dans ses instructions et règlements, appuye longuement sur la nécessité de former de bonne heure les enfants à la modestie et à la politesse.

Quelques années après, St Jean Baptiste de la Salle rédige un Manuel de civilité, qui a été pendant longtemps en usage dans les classes.

Ces grands éducateurs comprenaient que l'école doit non seulement instruire l'enfance, mais l'éduquer.

C'est d'après ces mêmes idées que fut rédigé le règlement scolaire du collège de Saint-Rambert en 1722.

On a eu tort de nos jours de supprimer le Manuel de civilité et de rayer la politesse de la liste des matières de l'enseignement pour en faire une annexe plus ou moins facultative et plus ou moins vague de la morale.

Le personnel enseignant au 17ᵉ siècle. Les maîtres successifs. Difficultés de leur recrutement.

Ce n'était pas tout que de fonder un ᴄollège et même de le doter de revenus destinés à assurer tant bien que mal l'entretien du personnel enseignant. Il fallait surtout trouver des maîtres, capables d enseigner et d'éduquer la jeunesse, assez dévoués pour accepter ce travail parfois ingrat et peu rémunéré, assez consciencieux pour poursuivre, sans arrière-pensée et sans autres soucis, l'éducation morale et religieuse de la jeunesse.

Le recrutement des maîtres sera, à la fin du 17ᵉ siècle et pendant le cours du 18ᵉ, une des grandes préoccupations des syndics municipaux, celle qui, en l'absence d'écoles normales pouvant fournir des sujets ayant une vocation et une préparation pédagogique, nécessitera des démarches de tout genre et procurera des déboires sans fin.

Encore si les syndics municipaux avaient eu la liberté de leurs mouvements et de leurs initiatives, ils auraient pu agir plus promptement et souvent avec succès; mais ils devaient compter avec les héritiers du fondateur qui au 18ᵉ siècle, étaient les Bourdin, hommes de loi, jaloux, à juste titre sans doute, puisque les clauses du testament de Claude Richard étaient formelles, de leur titre de présentateurs des régents du collège.

Les deux pouvoirs n'étaient pas toujours d'accord; les syndics essayaient parfois de se passer des présentateurs, mais ces tentatives n'étaient pas toujours couronnées de succès et donnaient lieu à des réclamations pénibles, quelquefois à des procès : tout cela diminuait l'autorité municipale, ébranlait la confiance et la soumission du corps enseignant. Ce dualisme à outrance, dans le champ clos du collège, fermait la porte d'autre part à toutes les améliorations.

Lorsque les envoyés de Charles Démia se présenteront au nom de l'autorité diocésaine, qui certes avait une mission à remplir dans l'éducation de la jeunesse, et proposeront des programmes et des maîtres soumis à une inspection aussi compétente que régulière, ils rencontreront de l'opposition dans la municipalité de Saint-Rambert, qui voit dans cette intervention une diminution de son contrôle et de son autorité. C'était pour les maîtres envoyés par l'école St-Charles de Lyon une situation fausse; ils ne restèrent pas longtemps et ne furent pas remplacés. Il faut ajouter d'ailleurs que les diacres du Séminaire St-Charles, destinés à l'enseignement, n'y restaient pas longtemps; en général ils n'en faisaient pas leur carrière; dès qu'ils étaient ordonnés prêtres, ils avaient hâte de quitter la classe pour entrer dans le ministère paroissial. C'était un dualisme d'un autre genre également funeste au recrutement des maîtres; il fut cause que l'Œuvre de Démia, encore aujourd'hui florissante pour les écoles de filles, dans la Congrégation des Sœurs St-Charles, échoua en ce qui concerne les écoles de garçons. Il était réservé à St Jean-Baptiste de la Salle de faire pour les écoles de garçons ce que notre compatriote avait réussi pour les écoles de filles.

Le Collège de St-Rambert connut pourtant des jours de paix et de prospérité lorsque l'autorité religieuse représentée par les curés de St-Rambert et l'autorité civile représentée par les syndics municipaux surent s'accorder et s'entendre pour l'œuvre importante de l'instruction et de l'éducation de la jeunesse.

Entrons dans les détails des archives de Saint-Rambert qui sont muettes sur ce point jusqu'en 1653.

1653. Le 17 septembre 1653, par acte passé devant M⁰ Falavier Philippe Tenand, syndic de la ville, M⁰ Gaspard Cottin agissant au nom du présentateur du Collège, font avec Claude Cochet, docteur en théologie, en présence et du consentement des vénérables Etienne Cuillery, François Tenand et Aimé Baillod, autres prêtres de la Mission et tous docteurs en théologie, la convention suivante :

Le syndic paiera à M⁰ Cochet la somme de 370 livres représentant le revenu du collège, à commencer au 1ᵉʳ novembre prochain, à condition qu'il fournira journellement deux maîtres prêtres capables d'enseigner la grammaire, l'écriture, la lecture avec l'arithmétique aux enfants de la paroisse.

D'autre part, le syndic s'engage à fournir le mobilier suivant : deux lits garnis en bois, un matelas à chacun, des rideaux de courtine, huit linceuls ou dix, douze serviettes communes, six plats et autant d'assiettes, une demi-douzaine de sièges, une table, un pot d'airain, une casse, une salière et aiguière d'étain, une crémaillère, six nappes, quatre écuelles, deux chandeliers, un bassin, une poche, une escumoire, un soufflet à feu, un dressoir avec les buffets.

Les maîtres se chargeront, par inventaire, de les restituer à la fin des trois années dans l'état où ils seront.

L'acte n'est pas signé et pour cause. Sans doute les prêtres de la Mission n'avaient pas obtenu le consentement de leurs supérieurs ou bien avaient reculé devant la tâche difficile de trouver des maîtres.

1654. A titre d'essai, la charge de régent du collège fut occupée par Sébastien Doysi qui, l'année suivante, c'est-à-dire en 1655, s'engage à continuer avec honnête Jean Claude Poncet pendant trois ans, à partir de la prochaine St Luc.

Le collège ne parait pas avoir prospéré sous la direction de ces deux maîtres.

1666. Le 27 août, Pierre François Geneviève et Jean Grumet, syndics, disent à la réunion municipale que le collège a été abandonné pendant environ cinq ou six ans, qu'il a manqué de maîtres capables de bien enseigner la jeunesse, tant à compter, lire et écrire, qu'à la langue latine et à la vertu. Après avoir cherché de divers côtés, ils ont trouvé deux curés, Chapuis curé de Bénonces et Geneviève curé de Leyment, qui s'engagent à enseigner au collège, à quitter leurs cures et à y établir des vicaires, si toutefois l'archevêque le permet.

Cottin, avocat, directeur des revenus du collège, est prié de se transporter à Lyon et de demander à Mgr l'Archevêque, ou à son grand vicaire, de permettre à ces Messieurs d'établir des vicaires dans leurs paroisses pour deux ans au moins, jusqu'à ce qu'on puisse pourvoir à la rectorerie du collège. La formalité de la présentation par le sieur Guichard se fera ensuite.

La place de directeur des revenus du collège n'était pas une sinécure. Nommé pour trois ans, il devait rendre compte de sa gestion à la fin de son mandat. Ses pouvoirs étaient très limités puisque, de son chef il ne pouvait engager une dépense de plus de trois livres. D'autre part il devait pourvoir à la rude corvée de trouver des maîtres pour un collège dont les revenus étaient d'une notoire insuffisance. Dans ce temps-là on ne jonglait pas avec les millions du budget de l'instruction publique. Aussi l'avocat Cottin demande par deux fois, en 1666 et en 1667, d'être déchargé de la gestion du collège, celle de l'Hôtel-Dieu étant suffisante avec ses occupations personnelles. Sa démission ne fut pas acceptée; le bail de trois ans n'était pas à terme. Le chapitre de ses tribulations à la recherche des maîtres du collège n'était pas terminé.

1667. La tentative auprès de l'Archevêque de Lyon n'avait pas eu lieu ou bien elle n'avait pas réussi. En effet, nous voyons l'avocat Cottin se diriger sur Nantua avec M. André Balme, avocat en Parlement, pour proposer aux Missionnaires de St-Joseph, qui sont établis en cette ville, d'avoir la charité d'envoyer deux ou trois de leurs prêtres pour enseigner la jeunesse dans le collège de Saint-Rambert, moyennant l'assurance du logement et de trois cents livres annuelles.

Les missionnaires de St-Joseph durent en référer à leurs supérieurs de Lyon et les charger de donner la réponse aux délégués de St-Rambert qui furent encore l'avocat Cottin et André Balme.

La démarche tentée à Lyon n'avait pas eu plus de succès, puisque, six mois après, dès le mois d'octobre, par devant Mᵉ Bourdin notaire, Pierre Guichard, présentateur du collège, avait signé un contrat avec Jacques Geneviève, Antoine Gainchet et Jacques Antoine Baron, pour confier la rectorerie du collège à ces trois prêtres pour trois ans.

Mais la difficulté pour les prêtres en exercice était toujours d'obtenir l'autorisation de l'Archevêque de Lyon. C'était le cas pour Jacques Geneviève, curé de Leyment, qui, au mois de Décembre, n'avait pas encore paru et, après les injonctions à lui signifiées sous peine de dommages intérêts, ne parut pas davantage. Autant la municipalité était humble et suppliante quand elle était dans l'embarras, autant elle paraissait intraitable lorsqu'elle avait en mains un contrat en bonne et due forme. Jacques Geneviève pouvait toujours prétexter que sa signature était donnée sous la condition tacite du consentement de son supérieur hiérarchique et, dans ces conditions, la mise en demeure des syndics de St-Rambert resta lettre morte.

1669. Le collège n'avait toujours que deux maîtres, Antoine Gainchet et Jacques Antoine Baron. Et voilà qu'avant l'expiration des trois années stipulées dans le contrat, Jacques Antoine Baron devient curé de Saint-Rambert. Les syndics et conseillers paraissent enchantés : ce que le collège perdait d'un côté, la paroisse le gagnait de l'autre. Le sieur Baron fut déchargé purement et simplement des clauses du contrat.

Le contrat passé avec Antoine Gainchet et consorts dont l'un Geneviève ne s'était jamais présenté et l'autre, Baron, était devenu curé de St-Rambert, fut prolongé d'un an pour prendre fin en 1670.

Le recteur du collège était donc Antoine Gainchet resté seul des trois contractants de 1667; il s'adjoignit comme suppléant un sieur Poncet, maître particulier non présenté officiellement et appointé par Antoine Gainchet lui-même, seul chargé de toucher les revenus de la rectorerie.

1670. Les maîtres du collège généralement ne renouvelaient pas un bail. Venus des quatre points cardinaux et recrutés au hasard parmi ces personnages flottants qui ne sont jamais contents de leur sort, ils disparaissaient avec le dernier terme de leur contrat. L'enseignement était pour eux un métier, mais non une vocation.

Gainchet et Poncet, le maître et l'adjoint, déguerpissent pendant les vacances de 1670.

Le sieur Guichard présente un nouveau recteur, Claude Chaboud, qui s'engage pour six années. Toutefois le Conseil, après avoir agréé cette nomination, stipule que l'engagement sera seulement de trois ans avec la condition que le recteur trouve a dans la quinzaine un second régent. Après quoi, les syndics pourront passer le contrat dans la forme et les conditions ordinaires.

Le plus étonnant c'est que le second régent présenté par Claude Chaboud soit Jacques Geneviève, curé de Leyment. Que s'était-il donc passé? Dame Justice avait-elle fini par atteindre le sieur Jacques Geneviève que nous avons vu en rupture de contrat avec la ville? Toujours est-il qu'il devient régent du collège en compagnie de Claude Chaboud, en 1673.

Mais ces deux maîtres, l'un inconstant, l'autre inconnu, ne contentent pas du tout la ville. Les habitants se plaignent que les statuts du collège ne sont pas observés; les régents donnent des vacances extraordinaires; ils ont la manie des voyages; ils font de longues et fréquentes absences, quand les statuts du collège ne leur permettent pas des absences de plus de deux jours sans le consentement des syndics et du Conseil de la ville.

Le présentateur Guichard et le syndic Claude Tenand se chargent de leur donner une juste semonce.

1673-1687. Dans cette période de quatorze ans, les renseignements sont rares. C'est Jean Claude Rey qui prend la succession de Jacques Geneviève et de Claude Chaboud et occupe la rectorerie. De sa gestion nous ne savons rien et les archives de Saint-Rambert sont muettes. Ce silence après les plaintes que nous venons d'entendre sur les recteurs qui l'ont précédé devrait être plutôt en sa faveur; nous verrons bientôt qu'il n'en est rien.

1687. Jean Claude Rey, prêtre, abandonne la rectorerie du collège et le sieur Guichard présente à sa place Claude Charpillion, prêtre de Vescles en Franche Comté, Pierre Grumel diacre de Saint-Rambert, André de St-Loup sous-diacre de St-Gengoux le Royal en Bourgogne, et Jean Castet de Gosseran en Languedoc.

Les deux premiers seuls sont présents et se font forts pour les autres. La présentation est faite devant M° Rosset notaire; le contrat est signé pour neuf ans, moyennant trois cents livres, avec un programme détaillé que nous avons vu plus haut fixant les matières des études, l'horaire des classes et le temps des vacances.

Cette abondance de candidats ne correspondait guère à la réalité et reposait sur le fait de la camaraderie ou sur de vagues promesses faites au présentateur. Aussi la présence effective des maîtres, malgré la présentation solennelle faite devant notaire et les conditions détaillées du cahier des charges, en l'espèce le programme des études, ne cadrait ni avec la présentation, ni avec le contrat. Elle se réduisait à deux maîtres dont l'un même était étranger au contrat : Pierre Grumel et Pierre Picot.

Ils étaient en fonctions lorsque Gabriel Nicolas, Préfet et Supérieur du Séminaire St-Charles à Lyon, fut commis pour la visite des écoles de Bresse et Bugey, par lettres de M. Charles Démia, Directeur général des écoles du diocèse de Lyon.

L'Œuvre de Charles Démia à St=Rambert
Les écoles géminées
Opposition violente. Acceptation finale.

Les notes de l'inspecteur de Charles Démia sont intéressantes. Il nous dit que Pierre Grumel avait reçu la prêtrise; il était âgé de trente ans, s'occupait assez bien des latinistes, pas assez des autres. Son second, âgé de vingt-trois ans, manquait d'aptitude. Les notes de Gabriel Nicolas, dont nous avons déjà parlé précédemment, prouvent les grands services rendus à l'école populaire par notre compatriote Charles Démia.

Mais le contrôle ecclésiastique n'allait pas tout seul. Ici, nous allons nous rendre compte des difficultés de l'institution et des embarras suscités aux inspecteurs de Charles Démia et de ses successeurs.

1690. L'abbé Démia mourut à Lyon le 23 octobre 1689. Il eut pour successeurs, dans la direction des Petites Ecoles, M⁰ Sauveur Manis, chanoine et trésorier de St-Paul, Official métropolitain et vicaire général substitué de Mgr l'Archevêque de Lyon. Ces fonctions furent exercées dans la suite par les évêques auxiliaires ou suffragants : Antoine Sicaud, évêque de Sinope; Nicolas Navarre, évêque de Cydon; Jean Baptiste Marie Bron, évêque d'Egé et Mgr de Vienne, évêque de Sarepta.

Gabriel Nicolas continua à être chargé de la visite des écoles du diocèse; mais il abandonna une partie de sa mission à un autre ecclésiastique, l'abbé Laurencet Bigot qui, à deux reprises, en septembre 1690 et septembre 1692, parcourut la Bresse, le Bugey, la Comté et le Beaujolais.

Les écoles visitées furent dans l'étendue actuelle du Département de l'Ain, celles de Trévoux, St Trivier-en-Dombes, Chatillon, Chalamont, Lens, Montluel; Meximieux, Loyes, Pérouges, Villars, Pont-de-Veyle, Bagé, Feillens, Boz, Pont-de-Vaux. St Trivier-en-Bresse, Montrevel, St Etienne-du-Bois, Marboz. Treffort, Bourg, Cerdon, Nantua, Poncin, Jujurieux, St-Jean-le-Vieux, Ambronay, Ambérieu, St-Rambert, Lagnieu, Serrières et Villebois, Coligny, Thoissey, St-Didier, Mogneneins, Guéreins.

Voici le procès-verbal de la visite de Laurencet Bigod à St-Rambert :

« Il y a trois cent livres de revenus, avec un fort beau logement pour ce collège. Le patron est M. Guichard notaire à St-Rambert.

Il y avait deux mois presque que le collège avait vaqué au temps de ma visite, les régents ayant entièrement quitté. M. le Curé a représenté audit patron du Collège que la Communauté de St-Charles leur fournirait des sujets tels qu'ils le souhaiteraient, pour en avoir soin. Ledit M° Guichard a répondu qu'il allait assembler le Conseil de ville pour en délibérer, ajoutant qu'ils ne pouvaient le faire sans la participation de M. Balme (subdélégué de Mgr l'Intendant) qui viendrait au premier jour à St-Rambert, qu'ils feraient part de leur délibération à M° Brun (Doyen du Chapitre de Lagnieu, Official de Bresse).

Comme j'ai dit audit Sr Guichard et à M^r le Châtelain du lieu, que s'ils ne prenaient pas des sujets de notre Communauté, ils eussent à envoyer celui qu'ils auraient choisi pour maître, à Lyon, pour recevoir approbation, ils m'ont répondu, en présence de M. le Curé, qu'ils ne reconnaissaient, en aucune façon, Mgr l'Archevêque, ni ses députés pour avoir droit de faire visite dans leur collège ni approuver les maîtres qu'ils auront choisis ».

C'était une déclaration d'école neutre avant la lettre qui n'était pas dans les intentions du pieux fondateur du collège.

Aussi Laurencet Bigod est décontenancé devant ce mouvement de mauvaise humeur qui ne s'était pas manifesté au passage de Gabriel Nicolas en 1684.

Il ajoute à la fin de son procès verbal : « Quel moyen y aurait-il de mettre ces gens à la raison? Ils ont depuis peu délibéré qu'ils ne prendraient aucun maître qui fut prêtre et ce pour faire déplaisir à M. le Curé qui les affectionnait ».

Ce moyen de ramener au devoir les Officiers municipaux de St-Rambert et le patron du Collège en même temps que quelques maîtres, qui refusaient aussi de se soumettre, Sauveur Manis crut le trouver en s'adressant à Mgr d'Argouges, Intendant de Bourgogne, Bresse et Bugey.

Il lui fit présenter par l'abbé Laurencet Bigod une requête, dans laquelle il lui exposait que, le 2 septembre 1686, l'abbé Démia, son prédécesseur, obtint une ordonnance de Mgr de Harlay de Bonneuil, alors Intendant, par laquelle défense était faite aux maîtres d'enseigner sans permission, et aux syndics de le souffrir et de convertir les fonds des écoles à d'autres usages.

Cette ordonnance avait contenu pendant un certain temps les maîtres et maîtresses; mais, par la suite des temps, il s'était, au dire du Directeur général, glissé des abus considérables.

Le premier était que quelques maîtres, notamment dans les villes de Bourg et de St-Rambert, ne s'étaient pas voulu soumettre à prendre permission de mondit Sieur le Directeur et à observer le règlément des dites écoles.

Le second était que plusieurs des dits maîtres et maîtresses enseignaient des enfants de différent sexe, ce qui a des suites très fâcheuses, ainsi que l'on en a été convaincu par l'expér'ence et que l'on a reconnu par les visites faites dans les dites écoles.

Le troisième abus consiste en ce que quelques Officiers des lieux avaient de leur propre autorité établi d'autres maîtres que ceux proposés par le dit Sieur Directeur des Ecoles et avaient ainsi destitué ceux qui étaient approuvés par lui.

Enfin les revenus destinés à la subsistance et à l'entretien des maîtres avaient été divertis en plusieurs endroits par quelques particuliers des lieux, faute d'avoir voulu rendre compte des revenus par devant les Directeurs.

Les griefs énoncés dans cette requête justifient amplement la nécessité, l'urgence de l'œuvre de Charles Démia pour l'approbation des maîtres et l'inspection des écoles.

Retenons en passant le deuxième abus contre lequel les Associations de Chefs de famille sont obligées encore aujourd'hui de protester au nom de la pédagogie et de la morale : la gémination des écoles et la coéducation des sexes.

Cette requête, signée de Laurencet Bigod et de Curtil, Greffier de l'Officialité et Procureur aux cours de Bresse, fut suivie d'une Ordonnance dont voici la teneur :

Vu copie imprimée de l'arrêt du Conseil du 7° Mai, mil six cent soixante quatorze;

Nous, conformément au dit arrêt faisons très expresses inhibitions et défenses à toutes sortes de personnes, de quelle qual'té et de quelle condition qu'elles soient, de tenir, sous qu' prétexte que ce soit, des écoles pour instruction de la jeunesse dans les lieux de notre Département dépendant du diocèse de Lyon sans la permission de M. l'Archevêque ou du suppliant à peine de cent livres d'amende et de plus grande s'il y échet.

Défendons pareillement aux maîtres d'enseigner les filles et aux maîtresses les garçons sur les mêmes peines et aux syndics des dites villes et bourgs de les souffrir, ni de destituer lesdits maîtres et maîtresses d'école qui seront approuvés par M. l'Archevêque ou par le suppliant, ensemble à ceux qui ont le maniment des deniers destinés pour les gages desdits maîtres d'école d'en faire le paiement à d'autres qu'à ceux approuvés par le sieur Archevêque ou par le suppliant, ni de convertir les fonds à d'autres usages, dont ils seront tenus de rendre compte à la première réquisition qui leur en sera faite par le suppliant.

Fait à Bourg, le 18 octobre mil six cent quatre vingt dix.

Signé. D'Argouges (1).

Les syndics de St-Rambert, continuant à faire la sourde oreille, Laurencet Bigod, qui prenait à cœur les responsabilités et les droits de sa charge fit faire un extrait de l'Ordonnance par de la Roëre, notaire royal à Lyon, et le fit signifier aux intéressés par un notaire d'Ambérieu, ceux de Saint-Rambert ayant sans doute refusé leur concours. Mais cette signification fut l'objet de protestations énergiques, comme le constate le procès verbal suivant .

Ce jourd'hui, vingt troisième du mois de Février, mil six cent quatre vingt onze, après midi, à la requête dudit sieur Manis, prêtre, Chanoine et Trésorier de St Paul, Official de Lyon et Juge métropolitain, vicaire général substitué de Monseigneur l'Archevêque et Comte de Lyon, Directeur général des Ecoles du diocèse, par moi Antoine Chenavaz, notaire royal d'Ambérieu, étant exprès dans la ville de Saint-Rambert, la requête et ordonnance ci-jointe et extraite par M° de la Roëre, notaire royal et apostolique à Lyon, ont été dûment levées et signifiées à M° Joseph Bonnier, avocat en Parlement, recteur du dit Collège, lequel étant assisté de M° Jean Claude Rosset syndic, ont protesté, signifiant à partir et se pourvoir incessamment pour raison de ce à Monsieur le Lieutenant général du Bailliage de Belley, à l'occasion de la présente signification qui est faite en une expédition signé par un notaire inconnu, hors du ressort, et sans légalisation, sans préjudice de quoi ils sont bien aises de faire connaitre au sieur Cottin, curé de cette ville, qui a recherché et fait faire la présente signification, qui est d'autant plus blamable en sa conduite qu'il sait que le collège de St-Rambert n'a jamais passé pour école, que c'est un collège fondé par les devanciers de M. Pierre Guichard, son cousin germain, patron et présentateur d'iceluy, lequel patronage et présentation lui

(1) Archives du Rhône. D. 360.

appartient et aux siens à perpétuité. Si le dessein du sieur Curé était suivi, il oterait audit sieur Guichard et à sa famille le bien le plus considérable qu'elle aie.

Tous les habitants de St-Rambert sont assurés que ce n'est pas la correction des abus énoncés dans la requête dudit sieur Manis, qui fait mouvoir ledit sieur Curé, tout au contraire ils connaissent que c'est son intérêt particulier qui le fait agir, ce qui est assez marqué par la date de ladite requête postérieure au chagrin qu'il a fait paraitre de l'assemblée de la ville où il fut délibéré que ledit sieur Guichard serait prié de ne présenter à l'avenir aucuns prêtres pour la desserte dudit collège; il sait que les motifs de cette délibération ont été qu'y ayant eu des prêtres depuis environ vingt années audit collège ils n'ont rien moins fait que leur devoir, si vrai que les deux premiers qui y furent mis, qui sont les sieurs Geneviève et Chaboud, ce dernier touché par le remords de sa conscience a remis entre les mains dudit sieur Guichard patron, une somme de soixante livres pour dédommagement audit collège; le sieur Rey, qui les a suivis a fait bien pis. Il était si peu attaché à son devoir que les enfans l'ont été prendre, par dérision, dans le lieu du Billiard avec une croix des Pénitents; il a été plus dur aux écoliers qu'on ne l'est aux gens de guerre dans les places....

(Le jeu de Billard est mentionné à plusieurs reprises dans les visites de Gabriel Nicolas, soit parce que les maîtres s'adonnaient à ce jeu, soit parce que comme à Monbrison un maître laïque non approuvé avait installé ce jeu dans l'école même (1).

...... Après tout cela ne faut-il pas conclure de la persévérance dudit sieur Curé que c'est son propre intérêt qui le fait agir et qu'il a envie d'avoir des vicaires qui ne lui coutent rien ou très peu; mais il permettra, s'il lui plait, aux habitants de Saint-Rambert de préférer l'éducation de leurs enfants à son intérêt, ce faisant de ne plus souffrir de prêtres ou ecclésiastiques dans leur collège qui n'est pas aux termes des écoles dont il est parlé dans la requête du sieur Manis, étant un collège établi et fondé depuis plus de quatre vingts ans, que sous le bon plaisir de mondit Seigneur l'Intendant, ils continuent d'éta-

---

(2) *Le premier billard établi à Bourg le fut par un sieur Bricod, avec permission de la ville qui fit une ordonnance de police pour ce jeu nouveau. (Archives communales de Bourg. 1735.)*

blir audit Collège tels régents que bon leur semblera, n'empê-
chant pas qu'ils soient par ledit sieur Manis, ou autres de sa
part, examinés sur leur religion et sur leurs mœurs.

Ont signé Bonnier, Rosset syndic, Chenavaz notaire royal
signifiant.

Contrôlé à Ambérieux le 23 février 1691. (Signé). Pochon.

De tous les considérants de la réplique des régents et syndics
de St-Rambert, il appert clairement qu'il y avait au fond de
cette dispute une vieille querelle entre l'Assemblée de ville et
le curé Cottin. Les syndics récusaient les prêtres, surtout parce
qu'ils pouvaient servir de vicaires au curé de la paroisse qu'ils
détestaient visiblement. D'ailleurs ils ergotaient sur le mot école
qui ne pouvait pas s'appliquer au collège de St-Rambert et le
soumettre quant au choix des maîtres à l'approbation ecclésiastique, étant donné d'autre part que, dès l'origine le privilège de
la présentation et de l'approbation appartenait de droit aux descendants du fondateur Claude Guichard.

Nous ne discuterons pas ici les récriminations des syndics
peut-être bien exagérées et faites dans l'intérêt de la cause;
mais, rien ne pouvait mieux légitimer les mesures d'inspection
prises par Démia et son successeur l'Official Manis, que des
faits de la nature de ceux qui étaient allégués.

D'autre part au lieu de prêtres du pays qui végétaient dans
des familiarités ou chapellenies, sans doute par suite d'une certaine paresse d'esprit qui ne les faisait pas solliciter un ministère plus actif, ou bien encore au lieu de prêtres étrangers, souvent suspects et toujours sujets médiocres, l'Œuvre de St-Charles fournissait de jeunes ecclésiastiques rompus à la discipline
du Séminaire et formés à l'enseignement, sous-diacres, diacres
et même prêtres, qui faisaient dans l'enseignement trois ans au
moins de noviciat, six ans au plus avant d'être appelés à la
direction des âmes.

L'intérêt que portait Mgr de Neuville à ces écoles, les hautes
fonctions qu'occupaient leurs directeurs successifs (Promoteur
général et Official) permettaient à ceux qui avaient bien tenu
leur école, d'être appelés à de bons postes; l'inspection organisée
par Démia permettait de rappeler à l'ordre les sujets médiocres.

Les choses restèrent pendant quelque temps en l'état, mais
en juillet 1692 Gabriel Nicolas, Préfet du séminaire St-Charles,

se pourvut de nouveau auprès de l'Intendant. L'abbé Laurencet Bigod le note en ces termes sur son carnet de visites :

Du 30 juillet M. l'Intendant a décrété contre eux et a obligé les régents à venir dans un mois à Lyon, pour y recevoir l'approbation de Mgr l'Archevêque ou de M. le Directeur et les syndics à ne les souffrir sans ladite permission.

Dans sa requête, Nicolas exposait au nom de M. Manis que le sieur Bordat, maître d'école à Bourg, et les syndics de St-Rambert, à qui l'Ordonnance du 18 octobre 1690 avait été signifiée, y avaient répondu d'une manière peu soumise aux ordres de Mgr l'Intendant et aux règlements de Mgr l'Archevêque, ce qui aurait dans l'avenir des suites très fâcheuses pour la conduite d'autres écoles.

Voici l'ordonnance qui intervint :

Vu la présente requête, l'arrêt du Conseil d'Etat du 7 Mai 1674, notre ordonnance du 18 octobre 1690 et la signification qui en a été faite audit Bordaz le 20 Décembre 1690 et auxdits régents et syndics de Saint-Rambert et les réponses qui ont été faites;

Nous ordonnons audit Bordaz et auxdits régents et syndics de Saint-Rambert de se pourvoir dans un mois pour toutes préfixions et délais à M. l'Archevêque de Lyon ou aux personnes par lui préposées pour avoir leur approbation et la permission de tenir école pour l'instruction de la jeunesse dans les dites villes de Bourg et de Saint-Rambert sinon, le dit temps passé, leur faisons défense d'en faire les fonctions à peine de cent livres d'amende portées par notre ordonnance. Faisons pareillement défense auxdits syndics de St-Rambert, sur les mêmes peines, de souffrir que les dits régents exercent jusqu'à ce qu'ils aient obtenu ladite permission.

Fait à Dijon le 30 Juillet 1692.

(Signé :) D'Argouges (et plus bas)

Par Monseigneur
Paul.

M. Laurencet Bigod raconte ses démarches subséquentes :

« Du 25ᵉ août ayant été dans la ville de Saint-Rambert pour faire signifier ladite ordonnance, nul sergent ni notaire dudit lieu ne s'est chargé de faire ladite signification et on n'a pu parler aux syndics, pour être absents.

Le 28 août, j'ai laissé à M. Brun l'Official, copie de ladite ordonnance avec un écu pour la faire signifier, lorsqu'il le trou vera à propos.

Nota. M. Balme, subdélégué de M. l'Intendant, peut faire échouer cette affaire auprès de l'Intendant qui sera au premier jour, dans ces quartiers ».

Sur cette dernière ordonnance les syndics de Saint-Rambert finirent par se soumettre. Le séminaire de St-Charles leur envoya des sujets.

Mais jusqu'en 1697 nous ne trouvons pas dans les archives du Département du Rhône de correspondance à cet égard. Il est probable qu'à partir de 1692, les maîtres nommés par la municipalité furent approuvés à Lyon. Elle était revenue de ses préjugés contre l'œuvre de St-Charles et de nouveau elle estimait que les prêtres étaient encore les meilleurs éducateurs de la jeunesse. Nous verrons plus loin aussi une raison plus locale et plus intime qui avait changé les dispositions farouches des édiles récalcitrants.

1693. Le 11 Décembre Gaspard Bourdin, conseiller procureur du Roi annonce que le patron du collège présente pour recteurs Benoît Falavier et Anthelme Bellaz de cette ville qui sont liés aux ordres sacrés, maîtres qu'il juge très capables. Ils furent adjoints à Jean Baptiste Reverdy.

1695. Les deux maîtres Falavier et Bellaz quittent l'enseignement à la fin de Novembre 1695. Sans doute ils n'avaient accepté l'enseignement que pour attendre la prêtrise et un emploi dans le ministère; cette condition tacite explique comment ils abandonnaient leur poste, d'ordre supérieur, malgré tous les contrats qui étaient impuissants à corriger cette pénible situation. Les écoliers perdent misérablement leur temps.

L'Assemblée de ville délibère le 9 Décembre sur la question scolaire, J. Baptiste Reverdy ayant déclaré ne pouvoir continuer l'enseignement dans ces conditions. Le Procureur du roi porte à l'ordre du jour la question Reverdy et la question des adjoints à remplacer. L'assemblée stipule 1° que J. Baptiste Reverdy ayant accepté pour trois ans la rectorerie du collège devra la continuer jusqu'à l'expiration de son mandat. Il fallait cette clause impérative pour retenir à son poste maître Reverdy; l'instabilité des maîtres rendait la charge de recteur fort critique; dès que les enfants n'avaient plus que l'école buissonnière, ils vagabondaient et les parents naturellement se plaignaient au recteur qui n'en pouvait pas davantage.

Outre la raison générale des démissions que nous avons indiquée comme probable, Falavier et Bellaz donnaient des motifs plus précis. Ils réclamaient un troisième régent pour enseigner dans le collège les principes de la grammaire, eux étant chargés l'un du latin, l'autre de la lecture et de l'écriture. Sans doute, Reverdy était chargé des abécédaires.

L'assemblée générale décrète en second lieu que le sieur Guichard, patron et présentateur du collège, fera les diligences nécessaires et ira à Lyon, pour trouver des maîtres qui enseignent le latin et l'écriture et enfin le troisième régent qui devra enseigner la grammaire. Mais comme les revenus du collège ne seront pas suffisants pour les payer tous, il est stipulé que chaque élève de latin donnera 8 sols par mois et ceux qui apprendront l'abécédaire 5 sols par mois.

Un autre motif de mécontentement des maîtres était le mauvais état de leurs appartements. L'assemblée décide qu'on fera les réparations nécessaires.

Nous avons vu que la municipalité s'était enfin soumise à l'ordonnance de 1692 concernant le Séminaire St-Charles de Lyon et l'organisation scolaire de Démia. La ténacité du Directeur de Lyon et les menaces de l'Intendant avaient eu raison de l'obstruction municipale uniquement basée sur une querelle personnelle entre le Curé Cottin et le Conseil de ville.

1696. Après la délibération susdite de Décembre 1695, la ville demande des maîtres au Séminaire St-Charles pour prendre la place de M. Reverdy arrivé à fin de bail en 1696. En effet le 21 octobre 1696, l'institution St-Charles envoie deux régents : l'un se nomme Parisis, l'autre n'est pas nommé. On leur fournit à chacun un lit garni tiré de l'hôpital.

L'abbé Parisis ne revint pas l'année suivante, malgré les lettres pressantes envoyées par les représentants de la communauté. Nous devons encore à l'obligeance d'Henry Matagrin le relevé de cette correspondance édifiante. C'est la contre-partie heureuse de celle qui avait été échangée quelques années auparavant avec le sieur Manis, Directeur des petites Ecoles.

1697. A Saint-Rambert, le X Novembre 1697.

Monsieur,

Nous attendions toujours M. Parisis pour enseigner les principes du latin dans notre collège de Saint-Rambert à la jeunesse qui en voudra profiter, que si Monsieur vous aviez quelque personne que vous affectionniez et qui soit propre pour l'instruction de la dite jeunesse, nous vous promettons qu'outre les cinquante écus de revenus du collège, qui sont destinés pour sa rétribution, nous lui ferons encore donner cinquante livres par quelques-uns des parents de cette jeunesse, dont nous nous rendons garants sans qu'il se mêle de les faire payer à d'autres que nous, étant ravis d'avoir quelque personne de mérite de votre main, à laquelle nous ferons d'ailleurs tout le plaisir qui dépendra de nous. Nous attendons incessamment votre réponse sur ce sujet, afin de prendre là-dessus nos mesures, pour ne pas laisser perdre le temps à notre jeunesse en vous assurant que nous sommes,

Monsieur,

Vos très humbles et très obéissants serviteurs

GUICHARD maire — BUYNAND recteur.

*Cette lettre est scellée d'un cachet armorié : De.... **a la fasce** de.... accompagné de 3 molettes, 2 en chef et 1 **en pointe de..** Casque de profil tourné à senestre. Lambrequins...*

Cette lettre ne parait pas avoir reçu de réponse. Aussi M. Buynand réitère sa demande.

A St-Rambert le 28 novembre 1697.

Nous avons eu l'honneur de vous écrire, Monsieur, il y a environ trois semaines, par la voie de Monsieur Pasturel, pour vous supplier de nous envoyer un maître pour enseigner notre jeunesse dans notre collège et afin de vous engager à le choisir plus propre et plus capable de remplir son devoir, pour apprendre à cette jeunesse, soit les principes du latin, soit les bonnes mœurs, dont elle a bien besoin, nous avons promis qu'outre les cinquante écus de rétribution qu'on lui fait payer à l'ordinaire des revenus dudit collège, nous lui ferions encore payer par les parents des enfants qu'il enseignerait, une somme de cinquante livres dont nous nous rendions garants pour avoir le bonheur d'avoir un honnête homme et qui eut de l'intelligence de votre façon. Nous l'avons attendu de jour à autre, croyant que vous voudriez bien prendre la peine de le choisir tel que nous le souhaitons et de nous l'envoyer. Mais, comme nous voyons que cette jeunesse perd son temps, n'y ayant dans le collège qu'un maître qui enseigne l'abécédaire, nous avons jugé à propos de vous donner avis que si nous ne recevons pas de vos nouvelles et que si vous ne nous envoyez pas le maître que nous demandons, au plus tard dimanche huit du mois de Décembre prochain, nous prendrons d'autres mesures pour empêcher que notre jeunesse ne perde entièrement son temps, afin que, passé ledit temps, vous ne preniez pas la peine de chercher ni envoyer qui que ce soit, vous assurant cependant que nous aurions été ravis d'avoir un homme de votre main, par la considération que nous avons pour vous et que nous sommes toujours très parfaitement,

Votre très humble et très obéissant serviteur,

BUYNAND.

Nouvelle lettre encore du sieur Guichard, patron du collège sur le même sujet.

Monsieur,

Il y a quelque temps que le sieur Buynand, Directeur ou recteur du collège de cette ville, et moi, en qualité de présentateur, prirent la liberté de vous prier par lettre de nous procurer un régent pour l'éducation des écoliers, afin de pourvoir la continuation du Sr Parisis, que vous aviez ci-devant envoyé, et comme nous n'avons point eu encore de vos nouvelles là-dessus, que la jeunesse perdait son temps, que les habitants s'en plaignaient à moi comme présentateur, j'ai disposé Messieurs nos vicaires, du consentement du Sr Curé, mon fils, de se vouloir charger de l'éducation de cette jeunesse, comme étant personnes propres pour cela, à la satisfaction des habitants, qui approuvent fort ce choix; ce qui fait, Monsieur que je vous prie d'en faire état et de souffrir que je vous remercie des peines, des soins que vous vous êtes donnés; que si pourtant vous vous êtes engagé à quelque personne à notre prière, l'on ne laissera pas d'exécuter ce que vous nous marquerez ainsi que vous l'écrit le sieur Buynand; mais je suis persuadé que connaissant le mérite et la capacité de Messieurs nos vicaires, vous approuverez le choix qu'ils en ont fait de vouloir se charger de l'instruction de la jeunesse et de la nomination que j'ai faite de leurs personnes, puisque j'ai l'honneur d'être avec respect,

> Monsieur,

> Votre très humble et très obéissant serviteur,
> GUICHARD.

A St-Rambert le 1er Décembre 1697.

Est-ce au dévouement de l'abbé Parisis et des autres maîtres fournis par le séminaire St-Charles que les officiers municipaux de Saint-Rambert durent de revenir de leur prévention? Ou bien ces ecclésiastiques, si impropres à l'enseignement du temps du curé Cottin et du syndic Rosset, étaient-ils devenus d'excellents éducateurs par le seul fait que le maire Guichard était le père du nouveau curé?

En tout cas, la nomination des vicaires de Saint-Rambert, comme régents du collège, fut très obligeamment présentée à l'approbation de Messieurs de St-Charles.

Le Séminaire susdit ne put pas répondre aux deux demandes du syndic et patron du collège sans doute parce qu'il manquait de sujets.

« Peu à peu, dit Compayré dans son étude sur Charles Démia, sous l'influence de l'esprit ecclésiastique et après la mort de Démia, le séminaire de St-Charles fut détourné de sa destination primitive. Les séminaristes faisaient surtout leur théologie et négligeaient leur préparation pédagogique... Les séminaristes de St-Charles aimaient mieux se retourner vers les études personnelles de théologie, qui les préparaient aux fonctions plus agréables et plus brillantes du sacerdoce... Le Séminaire de St-Charles semble donc avoir périclité d'assez bonne heure, après que son fondateur eut disparu ».

1697. Le système du collège tenu par des prêtres de la paroisse parait avoir duré jusqu'à la fin du 17e siècle et au commencement du 18e, à la satisfaction de tous, puisque les archives ne mentionnent aucune plainte dans l'intervalle. Ce fut l'époque aussi des bonnes aubaines pour les revenus du collège qui se trouvèrent accrus par les fondations Tenand et Carron, deux prêtres également, qui estimaient que l'œuvre de l'éducation était la première de toutes et firent en sa faveur d'importantes libéralités.

Avant de continuer la liste des maîtres du collège, il est nécessaire de dire quelques mots des difficultés soulevées par le droit de présentation, qui mettait aux prises la municipalité de St-Rambert avec les descendants du fondateur.

On se souvient que, par son testament du 6 Mai 1607, Claude Guichard, historiographe du duc de Savoie, avait fondé et doté le collège de St-Rambert, avec la réserve du patronage ou droit de présentation pour sa famille et la branche aînée, tant qu'elle durerait.

Tant que les fonctions de maire restèrent dans la famille, c'est-à-dire depuis la fondation du collège jusqu'aux environs de l'année 1738, la question de la nomination des régents ne souleva aucun conflit.

En 1667, c'est Pierre Guichard qui est présentateur du collège et maire. En 1715, c'est son fils Joseph Guichard, qui lui succède dans cette double fonction. Il réunissait trois titres à la fois : avocat à la Cour, maire de la ville de Saint-Rambert, et présentateur du collège. En cette dernière qualité, il eut même l'avantage de présenter son frère, Aimé Guichard, archiprêtre d'Ambronay et curé de Saint-Rambert, comme directeur du collège et ses deux vicaires comme régents.

Entre temps avait eu lieu une fondation importante faite en faveur du Collège par le Révérend Père Tenand pour le traitement d'un ou deux régents dont la nomination était attribuée au Conseil de Ville, obligé seulement de se faire assister de deux membres de la famille Tenand, à son choix.

Aimé Guichard était mort en 1730. Joseph Guichard, son frère, le suivit de près au tombeau. Il ne laissait que des filles, dont l'aînée, Françoise Guichard, était mariée à Jean-Baptiste Bourdin, avocat en parlement. C'est à elle que revenait le droit de présentation.

C'était le sieur Grumet qui avait succédé à Joseph Guichard à la mairie de St-Rambert. Sans distinguer en vertu de quel droit ses prédécesseurs avaient nommé les régents du collège, il nomma comme principal, Jean Finiel, prêtre de St-Flour, le 30 septembre 1738.

Immédiatement on vit comparaître devant l'assemblée Jean-Baptiste Bourdin qui venait réclamer le droit de présentation pour son épouse, en vertu des titres les plus authentiques reconnus d'ailleurs par une délibération solennelle de 1714, dont il fournit un extrait signé du secrétaire Orset. Il annonce qu'il proteste à l'avance et se pourvoiera au besoin contre tous autres arrangements qui pourraient être faits avec les régents par le maire Grumet.

L'Assemblée prie Me Bourdin de vouloir bien communiquer ses titres et documents afin qu'elle puisse prendre un parti. Toutefois, elle n'était pas pressée de conclure et ne concluait pas du tout. Depuis dix ans, le droit de patronage des héritiers du fondateur n'était ni exercé ni reconnu. Le 26 décembre 1744, Me Bourdin fait de nouvelles instances et rencontre la même impassibilité auprès du maire et des conseillers. Les administrations ont toujours été lentes à s'émouvoir.

Il fallait changer de système, puisque la persuasion avait fait faillite. J.-B. Bourdin envoie sommation par le sergent Bubatton à la communauté de Saint-Rambert de reconnaître le droit de patronage à l'héritière de Claude Guichard.

L'Assemblée prétexta que la *parte in quâ* du testament, jointe à la sommation, n'était pas suffisante pour qu'elle put délibérer en connaissance de cause. C'est alors que Françoise Guichard, dûment autorisée par son mari, fait assigner la communauté, en la personne du Syndic Bugniod, devant le Juge ordinaire pour faire reconnaître son droit de nomination.

En présence de cette sommation, l'Assemblée, sans doute conseillée par le Juge, décide de chercher une conciliation en fournissant à Me Bourdin et dame Guichard toutes les pièces contenues dans les archives et en leur demandant de fournir pareillement leurs titres. On soumettra l'affaire à un arbitre, si la famille intéressée y consent. En attendant, le syndic rédigera un mémoire de l'affaire, ira consulter deux des plus fameux avocats de Dijon qu'il chargera de plaider, après avoir obtenu de Mgr l'Intendant la permission de soutenir le procès.

La communauté prenait ses précautions.

Mais les avocats de Dijon avaient sans doute conseillé au syndic de ne pas s'obstiner dans ses prétentions. En effet, le 24 octobre 1745, il déclare qu'il a trouvé dans les archives des preuves du droit de patronage de la famille Guichard, et M° Bourdin comparait à son tour; il appuye le droit de son épouse sur le testament de Claude Guichard et les actes possessoriaux de ses héritiers. Il ajoute que, s'il y a eu de nouvelles fondations, elles sont un accroissement du patronage primitif.

La thèse de M° Bourdin était juste en partie seulement; car, les nouvelles fondations n'ajoutaient rien au patronage primitif et n'en dépendaient nullement. C'est ce que l'Assemblée fit constater en déclarant que le droit de fondation ne donnait à la dame Bourdin que la nomination du premier régent, attendu que les revenus légués par son ancêtre étaient consommés par les appointements de ce seul maître, que les autres régents étaient entretenus par la fondation Tenand dont la ville pouvait disposer librement.

En conséquence, dame Françoise Guichard sera invitée à nommer le sieur Bibet premier régent. Mais, dans le cas où elle persisterait à vouloir nommer le second régent, elle est priée, pour éviter un procès, de s'en rapporter à la décision de M. de Joney, conseiller au parlement de Dijon. M° Bourdin persiste pour la forme à prétendre que sa femme a le droit de nommer les deux régents; il est disposé cependant à accepter la décision de M. de Joney. L'arbitrage de M. de Joney, accepté par les deux parties, conclut dans le sens du droit de dame Guichard pour la nomination du premier régent et de la municipalité pour le second régent.

Ainsi se termina cette affaire dans laquelle nous voyons intervenir la famille Bourdin, une des plus anciennes de Saint-Rambert. Cette famille vient de s'éteindre en la personne des deux frères Bourdin, avocats: l'un, le plus jeune, Alfred, Camérier secret de cape et d'épée de Sa Sainteté Pie X, Commandeur de l'ordre de St Grégoire, mort le 18 janvier 1915, à l'âge de 50 ans; l'autre, Albert, Lieutenant-Colonel, Sous-Intendant militaire, docteur en droit, Chevalier de la Légion d'Honneur, mort pour la France accidentellement à Ambérieu, le 23 Mai 1918, à l'âge de 64 ans : *In nomine Patris…. Credo*, ont été ses dernières paroles et sa dernière prière.

Le personnel enseignant au 18ᵉ siècle

Le séminaire St-Charles, sollicité par les autorités de St-Rambert, le sieur Guichard maire, le recteur des revenus Buynand, dans les termes les plus engageants, pour fournir des maîtres approuvés, conformément à l'ordonnance de 1692, ne se rendit pas à ces instantes démarches. Il faut supposer qu'on manquait de sujets.

Alors le sieur Guichard, du consentement d'Aimé Guichard, son fils, curé de Saint-Rambert, dut prier Messieurs les vicaires de se charger de l'éducation de la jeunesse et demanda à Messieurs de St-Charles d'approuver ce choix.

Tous les griefs qui avaient tenu en échec la mission des premiers inspecteurs de Démia et empêché les vicaires d'enseigner du temps du curé Cottin étaient tombés.

Par le seul fait que le curé était le frère du maire, les fonctions de l'enseignement n'étaient plus incompatibles avec celles du ministère paroissial.

1697-1715. A la fin du 17ᵉ siècle et au commencement du 18ᵉ, ce sont les prêtres de la paroisse qui tiennent le collège. Il ne parait pas que ce système ait fourni des sujets de mécontentement. On peut, du moins, interpréter dans ce sens le silence des archives qui d'ordinaire sont assez prolixes au sujet des moindres incidents.

Sans doute, le curé Guichard était toujours bien disposé pour le collège, ayant des motifs de famille à ajouter aux raisons pastorales. Mais les vicaires, sollicités par les soucis du ministère, dans une paroisse dont les hameaux étaient nombreux et éloignés pour la plupart du centre paroissial, arrivaient avec peine à concilier leurs obligations de professeurs avec celles de leur ministère. Ils n'étaient pas toujours d'humeur égale et de caractère facile en face des occupations doubles qui parfois, dans les mêmes instants, sollicitaient leur activité.

Après les fêtes de Noël 1714, où ils avaient dû se dépenser activement pour suffire aux besoins d'une population très religieuse. on peut du moins vraisemblablement invoquer ce motif, ils rendirent les clefs.

Le 6 janvier 1715. le sieur Buynand, directeur des revenus, annonce que le collège est vacant depuis dix ou douze jours; les maîtres ont rendu les clefs au sieur maire. Il importe que la jeunesse ne demeure pas longtemps sans instruction et sans éducation. On charge Mᵉ François Bourdin, juge mage à Saint-Rambert, de chercher des maîtres pour faire le service du collège à la manière et aux conditions ordinaires.

Les recherches du sieur Bourdin aboutissent assez rapidement. Il présente, à l'assemblée du 27 janvier 1715, un prêtre de la ville de St-Rambert, Pierre Augerd, qui s'engage à enseigner ou faire enseigner le latin et à trouver un maître pour apprendre à lire et à écrire. Au cas où il serait obligé de quitter son emploi, il demande trois mois pour trouver un régent et le mettre à sa place. Il est convenu qu'on lui livrera les bâtiments en bon état, sauf la grande salle des assemblées, sans locataires ou autres embarras, dans les deux mois de son engagement, que, d'autre part, le régent qui enseignera le latin ne pourra prendre aucun élève qui ne sache au moins décliner les noms, sage mesure également nécessaire pour relever le niveau des études.

1715-1720. C'est donc un prêtre du pays, avisé, intelligent, qui prend la direction du collège. Avec un tel principal l'avenir parait assuré. Hélas! en 1720, Pierre Augerd est nommé à un bénéfice qui demande résidence. Il avertit la communauté de l'obligation où il se trouve d'abandonner la rectorerie du collège. Il offre pour le remplacer un diacre de la ville d'Ambronay, Etienne Pingeon.

1720-1721. Le diacre Pingeon s'envole à son tour vers d'autres climats. Il allègue des affaires particulières et demande à être relevé de ses fonctions. Il est remplacé par Anthelme Ferrand qui s'engage à garder les conventions particulières faites par Pingeon avec Louis Bonnier, 2ᵉ régent, maître de la petite classe.

Le recteur ou premier régent recevait environ 300 livres et s'arrangeait par conventions particulières avec ses auxiliaires.

1721-1722. Anthelme Ferrand ne finira pas même l'année 1722. C'est encore un oiseau de passage.

A quoi tenait cette instabilité si préjudiciable à la prospérité du collège et au progrès des études? Sans doute à la maigre pitance attribuée aux maîtres; mais, on doit incriminer aussi l'absence dans la région d'une corporation uniquement enseignante destinée aux petits collèges, qui aurait recruté des vocations et formé des maîtres voués pour leur vie entière à l'enseignement. Charles Démia avait bien fondé à Lyon une congrégation de ce genre, mais elle était autant ecclésiastique qu'enseignante et les élèves du séminaire St-Charles quittaient, à la première occasion, les charges de l'enseignement pour les fonctions du sacerdoce.

Pour les petites écoles, St Jean-Baptiste de la Salle avait aussi fondé une congrégation religieuse, non ecclésiastique, vouée à l'éducation des enfants; mais, l'enseignement se borna tout d'abord à la religion, l'écriture, l'orthographe et l'arithmétique. La congrégation ne se chargeait pas des établissemen's où se donnait en même temps l'enseignement du latin.

Aussi nous voyons la municipalité de Saint-Rambert, qui tenait à son collège, être sans cesse en quête de diacres, non encore placés dans le ministère, ou de prêtres non pourvus de bénéfices, pour enseigner les latinistes.

1722-1730. Il fallut revenir au système inauguré en 1697, c'est-à-dire au curé de la paroisse et à ses vicaires pour enseigner au collège.

Las de tous ces chassés-croisés de maîtres qui restaient à peine un an en fonctions et des plaintes des familles, le sieur Guichard, patron du collège, présenta comme principal son frère Aimé Guichard, docteur en théologie, archiprêtre d'Ambronay, curé de Saint-Rambert, et les sieurs Baudin et Braillard, ses vicaires, comme régents.

Plusieurs établissements, réduits aux mêmes extrémités que le collège de St-Rambert, au point de vue du personnel, avaient adopté cette solution qui présentait l'avantage fort appréciable de donner aux fonctions de l'enseignement la stabilité et un peu de l'importance des fonctions paroissiales.

Cette combinaison de plus mettait de l'unité dans la formation religieuse et morale des élèves. On s'en aperçut bien dans le règlement de 1722 dont nous avons déjà parlé et sur lequel nous ne reviendrons pas.

1722-1730. Le curé et les vicaires paraissent avoir dirigé le collège jusqu'à la mort d'Aimé Guichard, curé de St-Rambert. Il mourut en 1730, de l'épidémie qui régnait alors et emporta dans le même mois de janvier, le curé, ses deux vicaires Joseph

Gros et Nicolas Maillet, ainsi que le religieux qui les avait assistés.

On fit neuvaine et grande procession le jour de la St Blaise. On rétablit la procession du Jeudi-Saint qui ne s'était pas faite depuis 1710. L'épidémie cessa à la fin de mars.

1730-1734. Pendant cette période de quatre années, il faut supposer que Jean Bruyset, successeur d'Aimé Guichard à la cure de St-Rambert, avait continué avec ses vicaires les fonctions de l'enseignement, à l'instar de son prédécesseur. Les archives ne disent rien à ce sujet.

1734-1738. M. Gontier est nommé principal du collège et Joseph Chanel de Marbeau (*sic*), en Bresse est adjoint. Ce dernier est chargé d'enseigner « la lecture, l'écriture et le chiffre » à la jeunesse.

A cette époque, d'après les délibérations, on voit que le collège était tenu par un principal qui enseignait toutes les études, depuis les éléments de la latinité jusqu'à la philosophie inclusivement et un régent pour enseigner la lecture, l'écriture et le calcul.

1738-1744. Le 19 septembre Gontier demande à être remplacé. Il désire que l'on nomme deux régents, l'un pour le latin, l'autre pour les rudiments de la langue française. C'est alors que le sieur Grumet, maire, fait un traité avec M. Jean Finiel, prêtre du diocèse de St-Flour, qui s'engage pour un an seulement, du 1ᵉʳ novembre 1738 jusqu'au 21 septembre 1739, à enseigner la langue latine et à fournir un second régent pour l'écriture, la lecture et l'arithmétique, moyennant 500 livres.

Jamais les émoluments des maîtres n'avaient atteint ce chiffre. La fondation Tenand commençait à jouer.

Maître Finiel n'était pas facile à contenter. Il n'avait pas encore commencé la classe, que déjà il fournissait une note supplémentaire pour frais de voyage et d'installation. Il avait sans doute deviné que le maire Grumet était de bonne composition et pensait que l'Auvergne devait avoir raison du Bugey.

On ne lui a pas envoyé des chevaux pour venir de Lyon; il a été obligé de louer une chaise. Son second, qui répond au nom de Roger, est logé à « l'Ecu », chez le sieur Jarrin, attendu qu'il n'y a pas de pension commode ailleurs; coût : 100 livres d'augmentation.

Le maire Grumet, qui avait traité tout seul avec Jean Finlel, sans même aviser Jean-Baptiste Bourdin marié avec Françoise Guichard fille d'Aimé Guichard, devenu par ce mariage présentateur du collège, est obligé de plier devant les exigences du premier régent. Il n'était pas au bout de ses déboires dans cette affaire. A son tour, M° Bourdin réclame contre la violation de ses droits de présentateur et engage, à propos du patronage du collège, une procédure dont nous avons vu plus haut la suite et le dénouement.

1744-1747. En 1744, c'est un sieur Tenand qui est premier régent du collège. Cette même année, la place de second régent devient vacante par le départ de Roger. Un sieur Duberrier, maître écrivain de la ville de Belley, se présente. Il remet quelques lignes de son écriture à l'Assemblée de ville qui l'accepte après examen; la ville est intéressée à ce que les enfants reçoivent de bons principes d'écriture et d'arithmétique.

1747-1748. Le premier régent Tenand cesse d'enseigner en 1747. Il est remplacé par l'abbé Bibet, sous-diacre, qui avait ouvert les cours le 1ᵉʳ novembre, pour ne pas laisser vaquer les classes. Ses talents et ses capacités sont reconnus dans les conventions passées avec la ville. On lui adjuge un traitement de trois cents livres à charge de continuer ses cours et d'observer les règlements du collège; seule est réservée la question du droit de présentation dont il ne devra pas faire état, puisque ce droit est actuellement en discussion entre les héritiers Guichard et le conseil de la ville.

1748-1750. A la veille de la rentrée, en 1848, le sieur Duberrier quitte le poste de second régent, sans crier gare, avec une désinvolture que les lois actuelles ne permettraient pas sans dommages-intérêts.

Le maire, pris de court, dut, avant toute délibération, arrêter le sieur Brillion pour faire la classe abandonnée, sauf à le faire accepter quelques jours après par l'Assemblée de ville, et rétribuer moyennant 250 livres annuellement.

Ces pauvres seconds régents ressemblaient à des étoiles filantes et toutes n'étaient pas de première grandeur.

Brillion resta une année seulement et fut remplacé par Thibault, escroc vulgaire, qui, installé en octobre 1749, s'évada dans les premiers jours du mois d'août 1750, après avoir touché indûment le dernier quartier de ses appointements.

1750-1760. Après la fuite de Thibault, la deuxième classe est vacante et l'instruction de la jeunesse en souffre. Un sieur Jean Paul Roux, de Montélimard en Dauphiné (*sic*), maître écrivain et maître en arithmétique, se présente muni de certificats et d'attestations authentiques. Après lecture de ces certificats et examen de son écriture, le Conseil de ville l'accepte, au traitement de 250 livres, avec logement au collège et la moitié d'u jardin du côté de la maison de M. Reverdy.

Celui-ci n'attend pas un an pour prendre la fuite. Il se sauve au début de Février 1751, emportant ses appointements du mois, qui lui a été payé d'avance.

Décidément, le Midi n'écoulait pas vers le Nord ses meilleurs produits. Il fallut revenir aux maîtres du cru, aux régents indigènes, dont l'honnêteté héréditaire présentait de sérieuses garanties.

Roux est remplacé par le sieur abbé Baron, sous-diacre de St-Rambert, qui en mai 1751 est prié officiellement de continuer ses cours en attendant qu'on puisse trouver un second régent. Il lui est alloué 62 livres pour les trois mois échus. Mais, le 23 janvier 1752, il ne peut plus continuer ce service. C'est Jean Bibet, le premier régent, qui faisait les deux classes. Comme la première l'occupait suffisamment, il était urgent de trouver un second régent.

Nicolas Thibault (est-ce le fugitif?) vient à Saint-Rambert et prend la seconde classe avec le traitement ordinaire de 250 livres. Mais c'était un gaillard!

Il demande le 6 mai 1753 une augmentation à cause de la cherté des vivres et du bois de chauffage. Il pratique le chantage, avec beaucoup de *maëstria*, dans sa demande d'indemnité de vie chère. Ce sera, dit-il, un nouveau motif pour développer encore son zèle dans l'éducation de la jeunesse. Il est augmenté de 20 livres annuellement.

Mis en goût par cette concession et, sans doute, ayant besoin de réchauffer de nouveau son zèle, il réclame le 26 décembre

1758 une augmentation de traitement, à cause de la cherté des vivres. Cette fois on lui alloue 15 livres, pour une seule fois seulement.

Thibault était insatiable. Tout lui est prétexte à réclamations., A cause du passage des troupes on avait dû établir une prison à l'Hôtel-de-ville et empiéter sur ses appartements. De ce fait, il loue deux chambres en ville et demande 45 livres pour cet effet. On trouve le prix excessif qui est réduit à 35 livres d'indemnité.

Un maître chanteur. Le thème fatal

1760-1767. Si Thibault s'est montré quémandeur obstiné, son successeur, Alexis Mochet, d'Orgelet en Franche-Comté, diocèse de Besançon peut lui rendre des points.

Il fait bien sa classe; la communauté est satisfaite de ses services. Mais quel maître chanteur lorsqu'il s'agit de grossir ses appointements! Il est entré en exercice le 1ᵉʳ novembre 1760 avec 280 livres annuellement. Or, le 30 juillet 1761, après une supplique élogieuse qu'il a rédigée lui-même pour vanter ses services, il obtient 300 livres.

Le 26 décembre 1762, il demande une nouvelle augmentation. Les syndics trouvent les instances un peu rapprochées et maintiennent le *statu quo*. Il ne se décourage pas pour autant; il prie, il supplie, il fait valoir sa qualité d'étranger réduit aux seules ressources de son traitement qui ne suffit plus à son entretien. L'Assemblée porte ses appointements à 360 livres le 1ᵉʳ janvier 1763.

Il est vrai que les conditions de la vie avaient bien changé depuis son arrivée à St-Rambert. D'ailleurs, il n'était pas seul; il s'était marié avec la nièce du curé de St-Jérôme. Pouvait-elle prétendre à quelque héritage du côté de l'oncle? C'était douteux, car le bénéfice de St-Jérôme ne devait pas être lucratif et le curé était comme tous ceux des petites paroisses réduit à 'a portion congrue. En tout cas, elle ne possédait rien encore et le ménage Mochet était dans la gêne, bien que l'industrieux pédagogue eut ouvert une boutique de marchand, tant pour occuper sa femme que pour augmenter son petit pécule.

Les boutiquiers concurrents qui se croyaient lésés, les jaloux, espèce qui pullule dans les villages et les petites villes, faisaient chorus avec les gens sensés et honnêtes qui estimaient la dignité de l'enseignement compromise par ce mélange de professions. C'était un murmure qui allait grossissant dans la petite cité, lorsque un incident étrange mit le feu aux poudres.

M. Augerd, syndic, dans une conversation qu'il croyait discrète, avait dit au curé de St-Jérôme que sa nièce, femme du sieur Mochet, et ses deux sœurs étaient de mauvaises ménagères.

Mochet apprend cela; il s'irrite, excité encore par les trois femmes si malencontreusement mises en cause. Il aborde le syndic dans la rue, le traite d'imposteur et de menteur et le lendemain donne à ses élèves un thème sur *Duplicien* commençant par cette phrase : Duplicien, dont vous connaissez le peu de mérite.... n'a pas eu honte de ternir la réputation de deux ou trois personnes dont la conduite est irréprochable, etc....

L'allusion était transparente. Le thème n'était qu'une dictée diffamatoire à l'adresse du syndic Augerd et, circonstance aggravante, c'est dans le cahier de son fils, élève de 7°, que le magistrat trouve le libelle. Il ne lui échappa point que ce thème était au-dessus de la force des élèves de 7° et que Mochet avait interrompu la suite des sujets tirés des *Selectæ* pour intercaler cette diatribe injustifiée.

La ville au courant de ces divers incidents commençait à s'émouvoir. Vers le four, autour des fontaines et sous la halle couverte, les langues avaient marché.

Le syndic porte l'affaire devant le conseil. Brièvement, il expose les faits et ajoute : « L'honneur de ma place, le vôtre, le respect dû à la magistrature me forcent de mettre sous vos yeux cette insulte, afin que vous preniez un parti ». Ceci dit il se retire. Nous sommes au 5 août 1767.

L'assemblée fait appeler Mochet qui naturellement nie les propos tenus et l'intention du libelle. Mochet parti, l'assemblée délibère. On convient, après avoir rappelé les circonstances de l'affaire et la rumeur qui s'en est suivie : 1° que Mochet n'a été agréé comme instituteur que parce qu'il était garçon et sans profession pouvant le distraire des soins à donner à l'éducation de la jeunesse, que depuis il s'est marié et a pris l'état de marchand qu'il exerce à boutique ouverte; 2° que les embarras d'une famille et ceux d'un négoce sont incompatibles avec les devoirs d'un régent, que le temps ne peut être partagé entre des objets si différents qu'au détriment de la jeunesse, que cet inconvénient s'est fait souvent sentir et a excité les murmures du public, lorsque le sieur Mochet s'est vu forcé par ses affaires domestiques de donner des congés multipliés et irréguliers, de retrancher et de retarder les heures et le temps destinés aux classes.

Après cette délibération motivée et très habile qui n'entrait pas dans l'examen délicat du litige survenu entre le ménage Mochet et le syndic Augerd, qui déclarait seulement que les devoirs professionnels de l'instituteur étaient incompatibles avec sa situation actuelle, il est statué d'une voix unanime que le sieur Mochet sera relevé de ses fonctions et remplacé.

Prospérité du Collège

1767-1768. Si la boutique de Mochet avait fait des affaires et prospéré, on ne pouvait pas en dire autant du collège. L'éducation y était depuis longtemps fort négligée. Les maîtres et syndics avaient résolu de se montrer désormais plus difficiles dans le choix des sujets, lorsque, deux mois après le renvoi de Mochet et à la veille de la rentrée des classes, se présente un sieur Perrod, prêtre du diocèse de Lyon, de la paroisse de St-Pierre et St-Saturnin. On l'installe le 30 octobre 1767.

C'était un sujet distingué dont les rares talents, la piété, la doctrine et les mœurs excellentes étaient reconnues dans cette province où il avait exercé, tant à Belley que dans des maisons particulières et dans la ville de Lyon, où il avait été professeur public de Rhétorique.

Il demandait 500 livres par an. On n'hésita pas à les lui promettre par provision, en attendant que le conseil, qui n'était pas en nombre, put statuer définitivement.

On n'eut pas à s'en repentir. En deux mois, il réforma les abus sans nombre qui existaient dans le collège; il y rétablit l'ordre, la règle, l'application au travail et, ce qui est bien plus utile encore, il forma les cœurs des jeunes gens confiés à ses soins à la connaissance et à la pratique de toutes les vertus. Le conseil réuni pour statuer définitivement sur ses appointements, constate qu'au point de vue de la latinité, les écoliers ont fait des progrès rapides, ce qui est d'autant plus surprenant qu'il y a cinq classes différentes à enseigner. Le maître supplée au temps des classes par des instructions particulières qu'il donne chez lui. Il prend sur son sommeil, au risque d'altérer sa santé; par ce moyen, il suffit à tout; de toutes parts des écoliers étrangers arrivent à St-Rambert au grand avantage de la ville. Le conseil fixe ses émoluments à 500 livres et le prie de recevoir le témoignage de la reconnaissance publique.

L'abbé Perrod était un sujet remarquable à tous points de vue et on ne peut douter que de lui date la prospérité du collège et sa réputation à la fin du 18ᵉ siècle.

Période brillante et fin du Collège

1768-1794. L'abbé Perrod, obligé de quitter ses fonctions, sans doute pour des raisons de santé, fut remplacé, le 27 octobre 1768, par l'abbé Juvanon, vicaire de Tenay, prêtre de talent qui devait continuer dans d'excellentes conditions l'œuvre de son prédécesseur. Son traitement est porté à 600 livres.

Qu'était devenu Mochet, le fort en thème? Il n'avait pas quitté le pays et continuait sa profession de marchand, attendant l'occasion propice pour reprendre l'enseignement et décliner autre chose que sel et poivre.

Le thème fatal était oublié et le litige entre l'ancien régent et le syndic avait dû être réglé par l'entremise du curé de St-Jérôme qui était en très bons rapports avec la famille Augerd.

Alexis Mochet est nommé second régent, aux appointements de 270 livres. Mais, s'il ne fait plus de thèmes à double sens, il est toujours besogneux. Au bout d'un an, il demande 300 livres de traitement et s'enhardit jusqu'à exiger qu'on l'assure de sa place pour la vie ou tout au moins pour un temps déterminé.

C'était trop. Le Conseil, devant ses exigences, cherche un autre régent et, en attendant, Mochet est remplacé par un maître intérimaire du nom de Bubatton. C'est un sieur Martin, ci-devant maître au collège de Lagnieu qui devient 2ᵉ régent le 28 décembre 1776.

M. Juvanon comme principal et Martin comme deuxième régent enseigneront avec succès au collège de St-Rambert jusqu'à la Révolution.

L'abbé Juvanon était en même temps vicaire de Saint-Rambert, chargé de l'annexe de Blanaz. Comme professeur, il était remarquable; ses anciens élèves, dans les Mémoires du temps, sont unanimes à reconnaître l'excellence de son enseignement. Citons à ce propos le manuscrit de Dubois, contemporain des anciens élèves du collège de St-Rambert au début du 19ᵉ siècle, où l'un d'eux s'exprime ainsi :

« On enseignait dans ce collège la lecture, l'écriture, le latin,
« les belles-lettres. M. Martin, père du secrétaire de la mairie,
« (il s'agit du secrétariat vers 1840 et 1845), était chargé des
« deux premiers degrés de l'instruction, M. l'abbé Juvanon des
« deux autres. On avait encore un maître de plein chant qui
« s'occupait en même temps des premiers éléments de l'arith-
« métique.

« Je dois un tribut de reconnaissance à M. l'abbé Juvanon
« dernier professeur de ce collège. Tous les élèves dont il a
« développé les jeunes intelligences, gardent son souvenir dans
« leurs cœurs et ils le garderont jusqu'au moment suprême où
« ils iront le rejoindre dans l'éternité.

« Ce professeur possédait une instruction solide. Excellent
« latiniste, il continuait l'éducation des écoliers jusqu'à la se-
« conde inclusivement.

« Son zèle et sa patience étaient inépuisables. Il professait
« quatre degrés d'instruction dans un même local. On y rece-
« vait une instruction tellement complète que plusieurs des élè-
« ves qui allaient, après leur classe de troisième, à Bourg ou à
« Belley, pour y faire leurs classes d'Humanités, étaient admis,
« après leur examen, dans la classe de Rhétorique. On pourrait
« citer plusieurs exemples de ce passage.

« L'excellence des études de ce petit collège lui avait acquis
« une réputation qui s'étendait assez loin pour qu'on y envoyât
« des élèves des villes voisines. Lagnieu, Ambérieu, Ambronay
« en fournissent des exemples. C'est de ce petit établissement
« que sont sortis MM. Brun frères, Martin frères, Juvanon du
« Vachat frères, Falavier frères, Juvanon neveu du professeur,

« Cochaud frères, d'Argis, dont l'un est mort à Paris chef de
« division retraité au ministère de l'intérieur, Caron de Lagnieu
« et autres dont la numération serait trop longue ».

Comme ecclésiastique, l'abbé Juvanon ne fut pas aussi remarquable. Il eut des difficultés, au sujet de l'annexe de Blanaz,
avec M. Giraudon, curé de St-Rambert, à propos d'objets qu'il
réclamait. L'Archevêque de Lyon lui retira les pouvoirs de con-
fesser dans la paroisse.

Quand la Révolution éclata, il donna dans les idées nouvelles,
devint aumônier de la garde nationale et le 14 juillet 1791, il fit
un sermon sur le but de l'Assemblée qui était de renouveler le
serment de toutes les gardes nationales réunies. De l'église on
se rendit au pré Bussat; les officiers municipaux avaient fait
dresser un autel où l'abbé Juvanon célébra la Messe, après quoi
le Maire, au nom de tous les officiers municipaux et de tous les
citoyens, a renouvelé le serment de fidélité à la Nation, à la Loi
et au Roi.

Quelques jours auparavant, le 4 juillet 1791, l'abbé Juvanon
avait déposé sur le bureau du Conseil municipal une déclaration
sous forme de pétition, signée de onze ecclésiastiques du canton,
affirmant qu'ils ont prêté le serment civique et que dans la mesure de leurs moyens, ils veulent défendre la patrie et en conséquence demandent qu'un registre soit ouvert sur lequel ils s'ins-
criront chacun selon leurs moyens pour contribuer à secourir
les femmes et les enfants privés de leurs pères et de leurs maris,
l'autre moitié devant être employée à l'équipement et à la solde
des gardes nationales.

Le 10 Frimaire, an II, François Juvanon déposa sur le bureau
du Conseil municipal ses lettres de prêtrise et apostasia. Le 29
prairial de la même année, an II, il se démet de sa place d'instituteur, parce qu'il ne veut ni se compromettre ni compromettre
les officiers municipaux eux-mêmes, en continuant des exercices
auxquels la loi n'admet pas les ci-devant prêtres. Il insiste sur
son âge et l'inaptitude des enfants à se rendre au collège. Inaptitude des enfants à se rendre en classe ! Quel euphémisme ! Ce
devait être, en effet, un joli désarroi.

Pour toutes ces abjurations et apostasies qui jetèrent un triste
voile sur cette vie dont le début avait été si brillamment consacré

à l'instruction et à l'éducation de la jeunesse de Saint-Rambert, on lui donna un certificat de civisme, octroyé sans doute, ô ironie! par un de ceux auxquels il avait appris les rudiments de la langue française. Ce certificat porte la note suivante : 55 ans; taille de cinq pieds un pouce, portant perruque, yeux bleus, front découvert, point de sourcils, nez gros, visage rempli et menton rond.

Bon littérateur, excellent pédagogue, philosophe médiocre, caractère faible, prêtre de vocation douteuse, tel nous paraît au moral le dernier principal du collège de Saint-Rambert.

Le collège avait cessé d'exister. Depuis le début de la Révolution jusqu'au 18 juin 1794, époque de la démission du dernier principal, il n'en est pas fait mention une seule fois dans les séances du conseil municipal. On était trop occupé à faire des perquisitions, à arrêter les suspects, à démolir les clochers, pour songer à l'instruction du peuple.

Les biens du collège avaient été déclarés biens nationaux. On se demande pourquoi et par quelle aberration nos révolutionnaires avaient laissé s'accomplir cette déclaration aussi fausse qu'injuste, puisque ces biens n'appartenaient ni à l'Eglise, ni aux nobles, ni à une congrégation religieuse, et qu'ils étaient la propriété de tous les citoyens de Saint-Rambert, pour être affectés à l'instruction de la jeunesse.

Les administrateurs du district étaient pour la plupart des agités, des inconscients et des incapables, et quand ils furent flanqués du comité de surveillance choisi par Albitte, ce fut bien autre chose.

Le comité de surveillance, nommé par Albitte, comprenait douze membres : trois cordonniers, un galocher, un armurier, un faiseur de peignes pour peigner le chanvre, deux tailleurs, deux tissiers, deux commis. — L'instruction ne comptait guère dans cette académie triée sur le volet; c'était la garde nationale qui était tout et devait suffire à tout.

Les comptes du collège furent arrêtés en 1793, et la loi du 4 Ventose ordonnait de verser entre les mains d'un receveur des domaines les revenus qui se montaient à 616 livres 2 sols. C'était le commencement de la confiscation. Ce chiffre de 616 livres 12 sols représente le reliquat des revenus non employés en 1793; car le chiffre total atteignait au moment de la Révolution la somme de 1200 fr. (1).

Les enfants en âge de scolarité au moment de la Révolution, furent privés des bienfaits de l'instruction par la suppression des écoles et des collèges et la confiscation des fondations qui servaient à payer les maîtres. D'après les recherches faites dans l'Ain, depuis 1802 jusqu'en 1806 inclusivement, le nombre de ceux qui savent lire et écrire n'est au nombre total des conscrits que de 1 pour 16 2/3 suivant Bossi. En 1801, on compte à peine trente écoles dans le département; dans la plupart des communes, on n'aurait pu trouver des hommes sachant assez lire et écrire pour enseigner les premiers éléments.

Lorsque la convention essaya de réorganiser l'enseignement par le décret du 29 frimaire, an II, la municipalité ayant reçu ce décret le 24 germinal, arrêta que les citoyens et citoyennes, qui voudront user de la liberté d'enseigner, devront faire leur déclaration à la municipalité, indiquant le degré et l'espèce de science qu'ils se proposent d'enseigner.

Claude Martin, ancien régent du collège, et Philibert Thévenin se présentèrent et furent admis, comme pouvant enseigner à lire et à écrire et les quatre règles de l'arithmétique. Il n'en fut pas de même des citoyennes Jeanne-Louise Nicole Delaine et Louise Barbolat, qui demandaient chacune à ouvrir une école, la première pour apprendre à lire, la seconde pour apprendre à lire, écrire et coudre. L'article 2 de la section 3 du décret du 29 frimaire exigeait en plus les quatre règles de l'arithmétique.

Le 14 fructidor, an II, le Conseil donne un mandat de 355 livres 10 sols 6 deniers au citoyen Claude Martin, instituteur, pour 80 écoliers qu'il a enseignés depuis le 1er prairial jusqu'au 30 fructidor, déduction faite des absents. De même, un mandat de 152 livres 14 sols au citoyen Philibert Thévenin pour 28 écoliers qu'il a enseignés depuis le 20 floréal jusqu'au 30 thermidor, déduction faite des absents.

Le sieur Martin, instituteur à St-Rambert, réclame pour supplément de son traitement de l'année 1793, au Directoire du département de l'Ain, une somme de 81 livres 16 sols.

(1) (*Statistique de l'Ain, par le préfet Bossi, 1803*).

Le Directoire prend un arrêté le 7 pluviose portant que les officiers municipaux donneront un mandat de cette somme sur la caisse de leur receveur. C'était mettre l'école à la charge de la municipalité.

Le Conseil proteste en disant que les traitements des instituteurs de cette commune ont toujours été payés sur les fonds appartenant au collège établi à Saint-Rambert, que le Trésor public a pris l'administration de ces fonds, que, conséquemment, l'augmentation accordée à l'instituteur Martin doit être payée par la caisse du Trésor public, qui a reçu le produit des fonds du dit collège, et non pas la commune de Saint-Rambert déjà obérée par une foule de charges.

C'est la dernière fois qu'il est fait mention des fonds du collège. Les fondations Guichard, Tenand et Carron étaient devenues biens nationaux. Elles avaient servi à gager le papier monnaie créé en 1789, dont la valeur était *assignée* sur ces biens. Les terres furent vendues à vil prix; le reste devint la proie des aigrefins de la politique. La banqueroute des quarante milliards d'assignats fit disparaitre jusqu'à leur souvenir.

L'instruction cessait d'être gratuite et les enfants du peuple étaient momentanément condamnés à l'ignorance obligatoire en vertu des immortels principes.

La Révolution faisait disparaitre d'un trait de plume un établissement d'instruction de premier ordre et en pleine prospérité, donnant l'instruction gratuite non seulement aux fils de bourgeois, mais aux enfants du peuple, deux siècles d'efforts de la municipalité de Saint-Rambert, la pensée féconde et les donations généreuses de personnages intelligents ayant occupé des situations importantes, tous originaires de Saint-Rambert et profondément attachés à leur pays. Voilà ce que leurs descendants ne doivent point oublier.

O liberté, que de crimes on a commis en ton nom ! !

L'HOPITAL

I

Ses origines. Sa première destination

Les origines de l'hôpital de Saint-Rambert ne sont pas connues. Une note de 1695, dans les archives de la ville, dit que l'hôpital paraît être aussi ancien que la ville, bien qu'on ne possède aucun titre de sa fondation.

Le vieux bâtiment était plutôt un refuge qu'un hôpital utilisé pour les pauvres étrangers. Il faut croire qu'il existait déjà au 11° et 12° siècle, époque qui vit affluer les pèlerins au tombeau du Saint, conservé dans l église de l'abbaye, basilique de style roman dont il ne reste que la crypte, un des plus anciens vestiges de l'architecture romane dans le département de l'Ain. Avec ses colonnes en fuseau et ses voûtes arrondies d'une régularité parfaite, la crypte mérite d'être classée parmi les monuments historiques. Une chapelle moderne a été bâtie au-dessus de la partie centrale; mais le côté nord non protégé est en partie détérioré et se recouvre de stalagmites. La famille de Sylans, lorsqu'elle possédait encore l'abbaye, fit cimenter la plateforme de manière à empêcher les infiltrations pluviales et l'effondrement de cette partie de la voûte déjà fort endommagée.

La crypte renferme un caveau souterrain fermé par une dalle. C'est la sépulture des anciens abbés de Saint-Rambert. Ce tombeau fut ouvert à la Révolution et actuellement il renferme des ossements et des débris de cranes entassés sans ordre et sans aucun mobilier funéraire.

Les pèlerins qui venaient au tombeau de St Rambert, inhumé d'abord sous le porche de l'église abbatiale, et plus tard, lorsque les miracles eurent proclamé l'héroïcité de ses vertus, exposé dans une châsse avec le corps de St Domitien, le fondateur de l abbaye, affluèrent au XI°, XII° et XIII° siècles. On trouve dans les champs et jardins, qui entourent l'abbaye, là où s'établissaient, les jours de grand pèlerinage, les marchands d'objets pieux et ceux qui vendaient les provisions de bouche, quantité de monnaies savoyardes de cette époque.

Les pèlerins pauvres, qui séjournaient à St-Rambert, trouvaient sans doute un asile soit à l'abbaye, soit à l'hôpital de Saint-Rambert.

Il faut supposer que ce furent des pèlerins ainsi hospitalisés qui dérobèrent au XI⁰ siècle une partie des reliques de la châsse vénérée dans l'église abbatiale.

C'était une doctrine courante à cette époque, nous ne voulons pas dire qu'elle était conforme à la justice et à l'enseignement de la théologie, que les reliques des Saints martyrs appartenaient de droit aux pays qui les avait vus naître. Lorsque les détenteurs des saints corps se refusaient à accepter cette doctrine et à transiger en conséquence, les réclamants du pays d'origine employaient, suivant les cas, la violence ou la ruse.

On peut supposer que cette dernière méthode fut employée par des pèlerins des pays de la Loire dont le Saint était originaire, pour enlever les reliques de St Rambert. Ils durent se faire enfermer ou bien s'introduire nuitamment dans la basilique pour opérer leur larcin. Dans la précipitation et dans la demi obscurité ils ne purent pas discerner parmi les deux saints corps celui de St Rambert ; ils enlevèrent le corps de St Domitien avec la chape de soie qui l'enveloppait et quelques parcelles de celui de St Rambert qui heureusement leur échappa presque tout entier. Le corps de St Domitien se trouve ainsi actuellement dans l'église de St-Rambert-sur-Loire avec quelques parcelles du corps de Saint Rambert. On conserve la chape de soie, de dessins très curieux et de forme archaïque dans laquelle les reliques furent enveloppées et reçues processionnellement à St-Rambert-sur-Loire, d après la tradition.

Ce fait n'est pas unique dans les annales du diocèse de Belley. Les reliques de St Didier, massacré par les émissaires de Brunehaut, à Prisciniac (actuellement St-Didier-sur-Chalaronne), furent enlevées nuitamment par les gens de la ville de Vienne (Isère), qui réclamaient le corps de leur saint évêque martyr. Celles de St-Rambert, massacré par les émissaires d'Ebroïn, étaient réclamées par les pèlerins de son pays d'origine; elles n'échappèrent à l'enlèvement que grâce à la confusion qui fut faite par eux des deux corps enfermés dans la châsse abbatiale.

La châsse abbatiale vermoulue, fut remplacée à la fin du XVIII⁰ siècle par celle en bois doré que l'on voit actuellement dans l'église de St-Rambert.

Après cette digression à propos des pauvres hospitalisés dans le vieux bâtiment de l'Hôpital, on sait que le soin des malades n'y était pas assuré faute de ressources et faute de personnel.

Bien plus, dans les circonstances précaires où se trouvaient parfois ses finances, la ville sacrifiait les intérêts de son hôpital.

En 1585, noble Benoît Bertier de Nantua, créancier de la ville pour la somme de 330 écus d'or, et demoiselle Bernarde de Bonniol, héritière du sieur de Montferrand, également créancière pour 33 écus d'or, firent emprisonner les habitants de St-Rambert en divers lieux, tant pour le principal que pour les intérêts des sommes dues.

Pour sortir de cet embarras financier et surtout pour sortir de prison les habitants enfermés comme otages, les syndics décident d'aliéner une partie du jardin de l'hôpital entre la muraille de la ville et l'Albarine. Après s'être concertés, honnête Jean Reverdy, noble Jean Crassus, Jean Louis Mellet, l'honorable Pierre Bonnièr et Claude Jourdin conseillers, Jean Buynad, recteur moderne de l'hôpital, se présentent devant Claude Rubat, capitaine du marquisat de St-Rambert, pour faire accepter et enregistrer la vente faite à Messire Antoine Martin Tenand, notaire ducal et à Jeanton Fornier dudit St-Rambert, de huit pieds à chacun d'eux, à raison de 15 florins le pied, à payer entre les mains du syndic Reverdy le mois prochain. Cette parcelle fut vendue cent huitante florins monnaie de Savoie courante.

Le jardin rapportait une cense de 18 florins. Les syndics et conseillers s'engagent, en échange, à imposer annuellement la ville, au profit de l'hôpital, de trente-six florins à prendre sur le treizain du vin.

L'hôpital, espèce de refuge de jour et de nuit, sous la simple surveillance d'un concierge, était devenu un réceptable de gens sans aveu, exhibant des infirmités vraies ou supposées pour être nourris et logés gratuitement. Ce devait être une véritable Cour des miracles, lorsque le soir, après avoir exploité la charité publique, les mécréants de passage jetaient leurs béquilles pour s'adonner à l'ivrognerie et se livrer à des disputes et à des batailles qui défiaient la police municipale impuissante à faire cesser cet abus.

En 1698, Joseph Philibert Cottin, bachelier en Sorbonne, curé de St-Rambert, s'émeut de cette situation. Dans une assemblée générale, il stigmatise la vie désordonnée de ces pauvres de passage, de ces étrangers qui causent des scandales capables d'attirer les malédictions de Dieu sur la ville.

On prit une mesure énergique. Il fut convenu que les étrangers seraient exclus, que les malades de la paroisse seuls seraient admis, qu'on mettrait l'hôpital en état de les recevoir et de leur procurer du soulagement.

Le plan était bon. Il fallait toutefois un homme pour l'exécuter, un recteur zélé et généreux capable de mener à bien cette entreprise. On le trouva dans M° Balme, seigneur de Ste-Julie, ancien secrétaire du roi au parlement de Metz, lieutenant général du bailliage du Bugey. Nul n'était mieux qualifié pour la charge de recteur.

II

Le personnel

Sous la direction de M. Balme, on abbatit tout le vieux bâtiment, autant pour des motifs d'hygiène que d'agrandissement, pour construire une salle à placer huit lits (c'est actuellement la salle des hommes) et au bout une petite chapelle où les malades peuvent avoir la consolation d'entendre la messe.

Un logement plus confortable était ainsi assuré aux pauvres et aux malades, mais il fallait des personnes pour les soigner et les servir.

Le curé Cottin et le recteur Balme, les deux véritables fondateurs de l'hôpital de St-Rambert si heureusement transformé, s'employèrent activement à trouver le personnel. Ils obtinrent d'une assemblée générale qu'on établirait à l'hôpital et à perpétuité des filles pieuses et dévouées, qui pourraient s'en adjoindre d'autres et ne demanderaient à l'hôpital que leur nourriture, quand la Providence aurait procuré les revenus nécessaires. En attendant elles se nourriraient avec les provisions apportées de leurs maisons.

Malheureusement M. Cottin, qui avait déjà consacré une partie de ses deniers pour l'embellissement de l'hôpital et de la chapelle et son argenterie pour l'achat d'un calice, mourut le 28 janvier

1695, avant d'avoir achevé l'établissement des filles qui devaient soigner les malades.

Mais l'exemple de ses générosités portait des fruits. Le 3 janvier 1694, Claudine Carron, épouse de Mᵉ Antoine Trolliet, notaire royal et procureur de St-Rambert, donne par testament la moitié de ses biens à l'hôpital, ce qui représentait 600 livres d'argent et 60 livres de linge remis au recteur par les ayant droit de demoiselle Carron, à la charge de faire célébrer une messe pour le repos de son âme, le cinquième de janvier à perpétuité.

André Balme, le recteur, rendant ses comptes en 1695, se trouvait d'être créancier de l'Hôtel-Dieu pour quatre cents et quelques livres. Il en fit don à l'hôpital.

Autre donation. Georgette Baudin, veuve de Gaspard Cottin juge royal aux gabelles et son fils Joseph Cottin, bourgeois et marchand drapier en gros à Lyon, achètent de Joseph Baron du Vachat, la demoiselle Baudin pour deux cens livres, Joseph Cottin pour cent quarante livres, une propriété à Lupieu et la donnent à l'Hôtel-Dieu en faveur des pauvres et des filles qui s'y établiront pour les servir. Cette dame de piété donna encore en mouran quelques meubles, son lit garni et fonda le *Stabat Mater* qui se chantait à la chapelle de l'hôpital chaque premier vendredi du mois.

Les désirs du curé Cottin pour le recrutement du personnel s'étaient en partie réalisés. Dès 1696 il y a deux sœurs à l'hôpital, parmi lesquelles la fille de Jean Laurent notaire, Anne Laurent.

Elles soignaient les malades avec intelligence et dévouement. Au début de l'année 1699, les fièvres malignes régnèrent; elles en furent atteintes elles-mêmes très dangereusement. Ayant consommé les revenus qu'elles réservaient pour leur subsistance, elles furent incapables de payer les chirurgiens et les médecins qui les avaient visitées. Le sieur Baron du Vachat, recteur de l'hôpital, demanda au Conseil de Ville quelques gratifications pour les aider dans le paiement de ces frais extraordinaires.

En 1703, Anne Laurent demanda au Conseil de ville l'autorisation de se consacrer, sa vie durant, au service des pauvres, pourvu seulement qu'on lui assure une habitation. Elle pourvoira elle-même à sa nourriture et à son entretien.

Quel était alors le nombre des malades ? En temps ordinaire, quand ne régnaient pas des fièvres malignes ou des épidémies, le nombre moyen des malades était de trois.

Après 1703, Anne Laurent, qui avait sept ans de bons et loyaux services, se trouva seule par le départ de sa compagne. Dans la crainte que sa santé ne put suffire à la tache, on lui adjoignit une aide, Françoise Mazier, qui serait logé à l'Hôtel-Dieu où elle promet de rester jusqu'à la fin de sa vie, sans rien demander à la communauté, si ce n'est le pouvoir de jouir avec les autres filles de l'Hôtel-Dieu de ce qui leur est donné ou sera donné à l'avenir pour leur subsistance.

Il est entendu toutefois que leurs chambres ou cellules qui sont au-dessus de la salle de l'Hôtel-Dieu seront à leur usage exclusif, sans qu'aucun malade puisse y être établi et logé, pas plus que dans le petit bâtiment qui est séparé du corps de l Hôtel-Dieu du côé de la rivière, nécessaire pour les lessives et le récurage de la vaisselle.

On convient également que nul malade ne sera envoyé à l'hôpital, s'il n'est de Saint-Rambert ou domestique chez un habitant de Saint-Rambert et, dans ce dernier cas, les maîtres ou maîtresses devront fournir ses bouillons. Aucun malade ne sera admis qu'après avoir été visité par un médecin ou chirurgien qui certifiera que la maladie est curable et qu'elle ne sera pas de trop longue durée.

Le Conseil de Ville accepte toutes ces clauses et pour les rendre exécutoires, stipule qu'aucun malade ne sera admis sans un billet de l'un des recteurs.

En 1704, le personnel se renforce d'une unité. Sœur Anne Laurent et Sœur Françoise Mazier se voient adjoindre Anne Respy, fille de feu Nicolas Respy chirurgien, qui s'engage également à servir sa vie durant les pauvres de l'hôpital.

En 1709, sur les instances du conseil de ville, elles eurent à pourvoir à une autre misère que les archives signalent, sans en donner les raisons que nous avons de la peine à comprendre. Est-ce la rigueur du froid, et la misère des familles pauvres manquant de provisions de bois et aussi de légumes qu'il faut incriminer ? Toujours est-il que les enfants pauvres de la ville, pendant le redoutable hiver de 1709, étaient exposés à la rigueur du froid à travers les rues, même pendant la nuit. Les syndics engagent bien les parents à retirer ces enfants chez eux; mais comme tous ne le font pas, sans doute parce qu'ils ne sont pas en état de le faire, on retire ces enfants pendant la nuit dans une chambre en arrière de l Hôtel-Dieu, en y mettant la paille nécessaire. Il est à supposer que ces enfants n'étaient que des vagabonds de circonstance, en quête d'un gite où ils pourraient trouver ce que le logis paternel ne pouvait pas toujours leur fournir pendant ce terrible hiver, de quoi résister au froid et apaiser leur faim.

En 1713, demoiselle Rivière, native de Lyon, demande à se joindre aux trois autres sœurs dans les mêmes conditions. Elle ne demande que le droit d'habitation; elle pourvoira à sa nourriture et à son entretien. Sa vocation n'était pas aussi sérieuse que celle des trois autres. Entrée le treize Février 1713 au service des malades, elle quitte l'Hôtel-Dieu le seize octobre 1718 avec le consentement des officiers de ville.

Elle est remplacée par Marie-Josephte Gudet, fille de feu Pierre Gudet, maître cordonnier et de Adrianne Juvanon. Après un service de deux ans et trois mois, elle demande à se consacrer pour toute sa vie au soin des malades. Est-ce que ce noviciat fut jugé trop court par la Commission ? Sa demande fut d'abord refusée; mais, à la prière du recteur faisant valoir sa persévérance à soigner les malades et ses mœurs qui furent toujours réglées, elle fut enfin acceptée. La communauté ne s'engage pas à pourvoir à sa subsistance qui sera comme celle des autres sœurs assurée par les dons provenant de la piété et de la libéralité des personnes généreuses.

Le service de l'Hôpital, avec des personnes vouées par vocation au soin des malades, était donc assuré dès le début du dix-huitième siècle. Il se continua sans encombres jusqu'en 1748.

A cette date, le Conseil décide qu'on cessera d'y entretenir des Sœurs; il invoque la modicité des revenus de l'hôpital. Peut-être faut-il supposer d autres motifs tirés du décès d'Anne Laurent et de ses compagnes qui ne pouvaient être facilement remplacées ?

L'Hôtel-Dieu, de 1748 à 1763, fut confié à un concierge, et ce qui prouve tout de même que l'économie avait été le grand motif de la suppression des Sœurs, c'est que le sieur Bugniod, recteur de l'hôpital, en rendant ses comptes, dit qu'on a économisé cinq mille livres et que la ville est en état maintenant de remplir les intentions des fondateurs en y rétablissant des sœurs comme par le passé.

Ce fut Marie Hélène Augerd qui devait recommencer la série des dévouements. Ce devait être en effet une situation lamentable pour les pauvres et les malades confiés aux soins mercenaires d'un concierge et de sa femme.

Hélène Augerd, poussée par le saint désir de se consacrer au service de Dieu et des pauvres, demande la faveur d'être admise à l'hôpital. Son geste était généreux et au point de vue des besoins, parfaitement justifié. Le chevalier Reverdy d'Argentière, écuyer du roi, recteur de l'hôpital, accepte en principe la demande d'Hélène Augerd, mais il juge à propos de lui imposer l'épreuve d'un noviciat. Il fut convenu qu'elle serait affectée pendant six mois au service des pauvres et des malades avant d'être admise définitivement. On lui imposa les conditions suivantes.

Elle tiendra un registre coté et paraphé d'entrée et de sortie. Elle fournira un compte exact des dépenses. Il ne sera reçu aucun malade qui ne soit de la paroisse. La dépense sera arrêtée tous les mois et payée par le recteur, qui seul aura le droit de recevoir l'argent et les denrées constituant le fonds de l'hospice.

Il est question encore une fois du personnel de l'hôpital à la date du 2 Décembre 1769. Le Bureau a reçu, en qualité de sœur, Angélique Cizas-Buiroz, jeune fille majeure de Torcieu, qui depuis trois ans a servi les pauvres avec tout le zèle et toute l'intelligence qu'on peut désirer; après ce noviciat assez long, elle demandait à ce qu'on fixat sa situation, si on était content de ses services.

A la veille de la Révolution, il y avait donc deux sœurs à l'hôpital de St-Rambert, Hélène Augerd et Angélique Cizaz-Buiroz. Elles n'avaient pas de traitement; l'hôpital s'engageait seulement à les nourrir et à les entretenir.

III

Les ressources

Au début, comme on l'a vu, les ressources de l'hôpital étaient presque nulles à telle enseigne qu'il se bornait à être un simple refuge, un asile de nuit sous la garde d'un concierge.

A la fin du 17e siècle l'exemple du curé Cottin, bien que ce digne homme cherchât à cacher à tout le monde ses charités, avait entrainé d'autres âmes généreuses à faire des libéraliiés à l'hôpital.

Nous avons vu les donations de Messire Balme, recteur de l'hôpital, celle de Georgette Baudin et de son fils Joseph Cottin. Il nous reste à compléter la liste des bienfaiteurs, en signalant au passage quelques faits importants qui n'ont pu trouver place dans les pages précédentes.

Pierre Antoine Cottin, conseiller du roi, demeurant à Dijon, autre fils de la demoiselle Bourdin, veuve de Gaspard Cottin, dont il a été déjà parlé, donne à l hôpital 100 livres en 1695, autant en 1696 et autant en 1697, le tout, sans charges, pour être employé aux réparations.

Au mois de Février 1703, cet homme de bien donne par acte devant Me Pinard, notaire à Dijon, 2000 livres que le sieur Trocu avocat et la demoiselle Bonnier son épouse lui devaient. Le donateur souhaite seulement que les sœurs qui serviront les pauvres et les pauvres eux-mêmes disent un *Miserere* chaque jour, en psalmodiant dans l'heure qui leur sera la plus commode. Il demande que les revenus soient partagés entre les pauvres et les filles qui les serviront; celles-ci en devront toucher cinquante livres par année pour acheter du blé et les autres cinquante livres seront employées au payement de la viande prise à la boucherie pour les bouillons des pauvres et des drogues et médicaments qui leur auront été fournis.

Claudine et Marie Falavier sœurs, filles d'Henry Falavier de St-Rambert, donnèrent, en mourant, à l'hôpital, trente livres représentées par le cheptel que la veuve de Joseph Valet de Montferrand doit actuellement à l'Hôtel-Dieu.

Demoiselle Claudine Cottin donne également un cheptel de 30 livres à elle dû par Picolier.

Don Jacques Michon, religieux, ouvrier de l'abbaye, donna à sa mort à l'Hôtel-Dieu 100 livres et quelques petits meubles, à la charge de faire dire à perpétuité, la veille de l'Annonciation de Notre-Dame, une messe basse pour le repos de son âme et de délivrer vingt-quatre pains bis aux vingt-quatre plus pauvres familles de la ville. Les cent livres furent délivrées à son décès par son frère marchand à Paris.

Etienne Lyonnard, marchand bourgeois de St-Rambert, lègue par testament reçu par Juvanon notaire royal, en Décembre 1703, 30 livres qui furent payées par sa veuve.

Humberte Moine, en janvier 1704 donne une obligation de 51 livres, dont Pierre Delorme de Cleyzieu s'est reconnu débiteur.

Jacques Pressieu, procureur et notaire à St-Rambert, lègue par testament reçu par Me Bourdin notaire royal, le 12 oct. 1707, une somme de cent livres à charge par les recteurs de faire dire deux messes par an à perpétuité. Ce legs fut payé par demoiselle Thérèse Pressieu qui, pour sa part, céda aux pauvres une rente de 4 livres 10 sols, suivant acte de cession tenu par Orset notaire.

Jean Claude Rosset, notaire, le 14 mai 1713, donne la somme de 60 livres, à la charge d'une grand'messe dite annuellement à la chapelle de l'hôpital.

Pierre Cottin, Ecuyer, ancien conseiller et secrétaire du roi, maison et couronne de France, lègue à l'Hôtel-Dieu un petit domaine qu'il avait au Mont de l Ange, par son testament du 1er Décembre 1914 reçu par Me Juvanon. Une moitié des revenus servira pour les pauvres, l'autre moitié pour les sœurs. Ce domaine rapportait quarante livres annuellement.

Du moment que la municipalité ne se chargeait pas de la nourriture et de l'entretien des sœurs de l'hôpital, les donateurs avaient soin de stipuler qu'une partie des fonds leur serait attribuée. Quelquefois même, comme il arriva en 1696 pour la donation de Joseph Cottin, marchand drapier à Lyon, les cent quarante livres qui représentaient sa part de libéralités étaient entièrement attribuées pour la nourriture des filles qui soignaient les pauvres.

N'est-il pas intéressant de constater comment les hôpitaux ont été l'objet d'importantes donations à l'époque où l'Eglise n'était pas tenue en suspicion par les gouvernements et les administrations publiques ? En passant qu'on nous permette de protester contre les lois et les circulaires qui ont écarté le prêtre des commissions des hospices. Non seulement les curés ont été dans le passé les bienfaiteurs de ces établissements en dirigeant les libéralités des catholiques, en veillant au recrutement des personnes charitables et dévouées qui se consacraient au service des hôpitaux; mais ils sont encore aujourd'hui comme toujours, par vocation et par devoir, les protecteurs dévoués des malades et des pauvres.

Il nous reste à parler de plusieurs faits intéressants que nous n'avons pu mentionner encore.

Nous avons vu qu'à la fin du 17° siècle, avant les donations ci-dessus indiquées, la situation de l'hôpital était assez précaire. En 1699, on eut recours à une loterie pour se procurer des ressources. Les loteries étaient alors en vogue dans la plus grande partie du royaume. Des personnages de la ville de Lyon, sans doute originaires de St-Rambert, suggérèrent l'idée d'organiser une loterie pour créer des revenus à l'hôpital. Nous étions au mois de septembre. Les quatre cents billets, de dix-huit sols chacun, furent placés en l'espace d'un mois et rapportèrent trois cent soixante livres, dont le produit fut consacré à construire la galerie de l'hôpital, « depuis le dessus des premiers degrés jusqu'aux lieux qui sont sur le ruisseau à côté du moulin ».

La permission de construire cette galerie fut accordée par Jacques Michon, religieux ouvrier de l'abbaye, au nom de M° Prudhomme, abbé commandataire, et de la dame Barrachin, veuve Sorlin, par acte passé devant Pierre Rosset, notaire royal, aux environs de Pâques 1699.

Au mois de Mars 1737, Louis XV confirma par lettres patentes datées de Versailles, en la vingt-deuxième année de son règne, l'établissement de l'Hôpital de la ville de Saint-Rambert.

En voici la teneur :

Nos chers et bien aimés, les habitants de Saint-Rambert en notre pays de Bugey, nous ont très humblement fait représenter qu'il y a dans la dite ville un hôpital destiné pour les pauvres malades, dont les revenus, quoique très modestes et provenant de quelques petites charités sont contestés par les particuliers qui les ont faites ou par leurs héritiers, sous prétexte que cet hôpital n'a pas été autorisé par nos Lettres patentes; ce qui porte un préjudice aux pauvres malades qui s'y trouveraient privés de tout secours et pourrait même détourner les bonnes intentions de quelques personnes qui ont dessein de faire du bien; et comme cet hôpital est d'une très grande utilité pour les pauvres malades de cette paroisse les Exposants nous ont très humblement fait supplier de leur accorder nos Lettres patentes confirmatives d'iceluy.

A ces causes, voulant leur faciliter de procurer aux pauvres malades les secours que demandent leur état et leurs besoins, Nous avons de notre grâce spéciale, pleine puissance et autorité Royale, approuvé, loué, confirmé et autorisé et par ces présentes signées de Notre main approuvons, louons, confirmons et autorisons l'établissement dudit Hôpital de la ville de Saint-Rambert en notre pays de Bugey, sous la juridiction de l'évêque diocésain et de ses successeurs. Permettons aux directeurs et administrateurs dudit hôpital d'accepter, pour et au nom de l'hôpital, tous dons, gratifications, legs universels ou particuliers, fondations, aumônes et autres dispositions, soit par testament, donations entre vifs et à cause de mort, ou autrement, en quelque sorte et manière que ce puisse être, le tout néanmoins jusqu'à la concurrence de trois mille livres de revenus au plus.

Confirmons, en tant que de besoin, les dons, gratifications, legs, aumônes, donations et autres dispositions qui ont été faites jusqu'à présent en faveur dudit hôpital, voulant que ledit hôpital jouisse des mêmes droits, prérogatives, privilèges, franchises, et exemptions dont jouissent et doivent jouir les autres hôpitaux de notre royaume conformément à nos édits et déclarations.

Voulons en outre que le bureau de direction du dit hôpital soit composé et ses biens et revenus régis et administrés suivant le règlement porté par notre déclaration du douze décembre 1698.

Si donnons en mandement à Nos aimés et féaux Conseillers, tenant notre Cour du Parlement de Dijon et à tous autres nos officiers et justiciers qu'il appartiendra, que ces présentes ils fassent registrer et exécuter, selon leur forme et teneur et de leur contenu jouir et user le dit hôpital et ses directeurs et administrateurs présents et à venir pleinement, paisiblement et perpétuellement, cessant et faisant cesser tous troubles et empêchements contraires, car tel est notre plaisir et, afin que ce soit chose ferme et stable et toujours, nous avons fait mettre notre Scel à ces présentes.

Données à Versailles au mois de Mars, l'an de grâce Mil sept cent trente sept et de notre règne le vingt-deuxième.

« LOUIS »

Les archives, aux approches de la Révolution, enregistrent plusieurs donations concernant l'hôpital.

Le 1ᵉʳ avril 1775, Philippe Bourdin, prêtre, doyen de Varambon, originaire de St-Rambert et de la famille des Bourdin héritiers par alliance des droits de présentation au collège fondé par Claude Guichard, donne par testament olographe, déposé chez Mᵉ Brun, notaire à Belley, à l'hôpital de Saint-Rambert, diverses petites créances et les objets ci-après « sa montre d or à répétition vendue 200 livres, sa bague, sa canne en jonc de 37 pouces avec une pomme d'or de Manheim 10 livres, son argenterie, sa tabatière d'or à coffre carré en or émaillé avec une pierre jaspée dessus et dessous; elle est restée en souffrance aux enchères.

On vendit ses deux chapeaux 16 livres, une vieille perruque 4 livres, un parasol de toile grise 2 livres et différents habits pour la somme de 52 livres.

Terminons par une offre importante de l'abbaye, qui d'abord discutée dans une réunion du Conseil le 26 Juillet 1784, fut enfin acceptée et ordonnancée par le parlement de Dijon le 31 Mai 1785.

Les religieux de l'abbaye avaient convenu de faire trois aumônes générales à la porte de l'abbaye à tout allant et venant sans distinction, le dimanche de la quinquagésime, le Jeudi-Saint et la veille de Noël.

La veille de Noël ils distribuaient de plus une aumône à 60 pisticiables de l'abbaye évaluée à 22 sols pour chacun.

Il y avait encore les aumônes du vendredi évaluées pour l'année à la somme de 356 livres 5 sols.

Les abbés, grands prieurs et religieux, qui n'étaient plus en nombre suffisant pour préparer et effectuer sans abus ces aumônes, proposaient à l'administration de l'hôpital de se charger de la distribution moyennant un certain nombre de mesures de froment d'orge, de blondé, de pesettes qui seraient fournies par l'abbaye.

Le Conseil en délibère.

1° — Il accepte les 30 mesures de froment et 20 mesures d orge pour les aumônes générales, à tout allant et venant, le dimanche de la quinquagésime, le Jeudi-Saint et la Veille de Noël.

2° — Pour l'aumône qui se distribue la Veille de Noël à 60 justifiables de l'abbaye, ils jugent que les 20 mesures de froment offertes doivent être portées à 22 mesures, car l'aumône évaluée à 22 sols pour chacun fait pour les 60, 66 livres, ce qui fait 22 mesures de froment, à raison de 3 livres la mesure.

3° — L'offre de 70 mesures de blondé et 70 mesures d'orge mêlé de pesettes, pour tenir lieu des aumônes du Vendredi, est absolument insuffisante et doit être portée à 102 mesures de blondé et 102 mesures d'orge pur, qui pourront correspondre à la somme de 356 livres 5 sols, à raison de 40 sols la mesure de blondé et 30 sols la mesure d'orge.

4° — L'offre d'une somme de 50 livres pour tenir lieu des frais de cuisson, manipulation, facture du pain, dépôt, garde et déchet des blés, distribution et autres dépenses et embarras, dont l'hôpital se trouvera grevé à la décharge de l'abbaye, est également très insuffisante et ne peut être acceptée qu'autant qu'elle sera portée à une somme de 120 livres et qu'en outre mes dits sieurs abbé, grand prieur et religieux propriétaires des moulins bannaux feront moudre gratuitement le dit blé.

Les offres de l'abbaye et les remarques de la Communauté de Saint-Rambert furent exposées et étudiées au parlement de Dijon qui seul avait le droit de commuer les servitudes établies de temps immémorial.

Le 31 Mai 1785, il rendit l'arrêt suivant :

1°- Les trois aumônes générales et l'aumône particulière de 60 justiciables demeureront supprimées moyennant le versement à l'hôpital de 48 mesures de froment et de 20 mesures d'orge.

2°- Les dits sieurs, abbés, grands prieurs et religieux délivreront chaque année, de trois mois à trois mois, la quantité de 4750 livres de pain bis composé moitié orge, moitié blondé, aux familles indigentes de la paroisse de Saint-Rambert, en remplacement de l'aumône du vendredi qu'ils étaient tenus de faire depuis la fête de Saint Michel jusqu'à celle de Saint Jean-Baptiste.

3°- Le 48 mesures de froment et les 20 mesures d'orge seront appliquées à l'hôpital et employées aux besoins intérieurs du dit hôpital et au soulagement des malades sans distinction, sauf les 18 mesures de froment représentatives de l'aumône particulière de la veille de Noël, dont l'emploi sera fait autant qu'il se pourra au soulagement des pauvres malades justiciables de l'abbaye.

4° - A l'avenir, les abbés, grands prieurs et religieux de l'abbaye auront entrée, séance et voix délibérative en qualité d'administrateurs, après le Président de l'Assemblée, le curé de Saint-Rambert, dans le Bureau de l'hôpital.

CONCLUSION

Nous voilà arrivés au terme de la tâche que nous nous étions fixé : l'histoire de deux siècles de la vie municipale, religieuse, intellectuelle et sociale de la ville de Saint-Rambert.

Nous laissons au lecteur le soin de tirer les diverses conclusions de la comparaison du temps passé avec le temps présent. S'il y avait des abus , s'il y avait des misères inconnues de nos jours, la vie municipale et provinciale était autrement plus intéressante qu'aujourd'hui avec un caractère local et particulier, en harmonie avec le pays, avec la race, avec les habitants et avec l'histoire des villages et des cités.

Il a manqué à notre tableau l'histoire de l'Abbaye de Saint-Rambert. Le sujet était trop vaste. Nous laissons à d'autres, plus jeunes et moins pressés, le soin de dépouiller les 253 parchemins et les 666 papiers, en tout 919 pièces, concernant Saint-Rambert et son abbaye, qui sont à Bourg, sans compter celles qui sont aux archives de Dijon.

D'autre part, les éléments pour l'histoire de la Révolution à Saint-Rambert abondent; mais il était délicat de les mettre en œuvre pour le moment. Ce sera pour les premiers chapitres de l'Histoire contemporaine, quand quelqu'un voudra bien l'entreprendre plus tard.

Le grand poète Lamartine, passant à Saint-Rambert en 1803, admirait la blanche écume de l'Albarine, de cette rivière qui semble jouer avec le passant et causer avec lui comme pour le distraire de la longueur du chemin. « Des rochers énormes, dit-il, pendent du haut des montagnes, quelques vignes grimpent contre leurs aspérités, quelques chaumières fument à travers ces feuilles de la vigne... On n'entendait que le murmure du petit fleuve auquel quelques modestes usines joignaient le bruit de leurs marteaux et le tic-tac de leurs moulins. »

Qu'aurait dit Lamartine s'il avait vu le développement industriel de cette vallée de l'Albarine ? Il aurait célébré avec des accents lyriques les merveilles de l'industrie, comme il célébrait les merveilles de la nature. Il aurait, lui, le poète des humbles, vu avec joie l'ouvrier et le patron marcher ici la main dans la main et, grâce à cette union, les populations laborieuses de nos vallées et de nos montagnes jouir d'un peu plus de bien-être. Sans doute, il leur aurait recommandé de rester fidèles aux traditions religieuses et sociales qui ont fait le bonheur et la prospérité de la ville de Saint-Rambert, à toutes les époques de son histoire.

Ce sera aussi le souhait qu'on nous permettra de formuler en terminant.

TABLE DES MATIÈRES

contenues dans ce volume

FIN.

BELLEY. — IMPRIMERIE LOUIS CHADUC. — 15347.

St Rambert   L'Eglise vue du Pont de l'Albarine
1916

9 782019 234805